JOHN LENNON

ジョン・レノン伝　1940-1980

藤本国彦

毎日新聞出版

WAR IS OVER!
IF YOU WANT IT
Happy Christmas from John & Yoko
BENEDICT
Stereo '77'
FRESH FRUIT DRINKS
RESTAURANT CHOW MEIN
BOOKS
Coca-Cola

ジョン・レノン伝　1940-1980

ジョン・レノン伝 1940-1980

CONTENTS

はじめに

「ビートルズのレコードがティーンエイジャーに売れなくなる時がきても、曲はいつまでも残るだろう。僕らが90歳のおじいさんになっても」

１９６５年、アイドル時代のビートルズがライヴ・バンドで頂点を極めた時期に、ジョン・レノンはそう語った。

それから55年。ジョンは「80歳のおじいさん」になることもなく、40歳の若さでこの世を去った。だが、「ビートルズのレコードがティーンエイジャーに売れなくなる」ということはいまだにない。ビートルズは、21世紀になっても実はまだ〝現役活動〟を続けているのではないか？　そんな錯覚を覚えてしまうほどだ。

２０２０年はジョンの生誕80年・没後40年という記念年である。『ダブル・ファンタジー　ジョン＆ヨーコ』展がリヴァプールに続いて東京で開催されたり、映像作品『IMAGINE』が日本で劇場公開されたり、新たなベスト盤『GIMME SOME TRUTH.』が発売されたり……と、ジョン・レノンとオノ・ヨーコを取り巻く話題には事欠かない。

不思議なもので、気づいたら「ジョン・レノン」の話題が巷に溢れているのだ。半年前にはジョンの「ジョ」の字もなかったのに、知らぬ間に世界的にブームになっている、と言ってもいいような感覚である。

それもこれも、音楽ファンに限らず世界中の人々の関心がいまだに高いからだ。とはいえ、「ジョン・レノン」の〝真の姿〟は、巷にどのくらい伝わっているのか？

もちろん、「元ビートルズ」という肩書がいらないほど社会的・文化的影響力は世界中へといまだに広がり続けているのはたしかだ。だが、その影響力がどのようなものかが具体的に伝わっているとは限らない。また、特に80年に亡くなってからは〝人物紹介〟に「愛と平和の」という冠が付くことも多い。ジョン・レノン＝愛と平和の人。そうした捉え方が浸透しすぎているのではないかと思うのだ。

しかし、実際は聖人君子などではなく、「粗野」で「繊細」で「気分屋」の、あまりにも人間臭いロックンローラーだった。好奇心旺盛で無邪気で無垢。そう、子どもがそのまま大人になったような、何をしでかすかわからず、どこに行くのかすらわからない「ハラハラドキドキ」な刺激に満ちた存在――それがジョンの〝真の姿〟であり、だからこそ多くの人を惹きつけてきたのではないか、と思う。

本書では、数々の発言や逸話も踏まえながら、一言では語り尽くせないジョン・レノンの人間像を「イマジン」してみる。

Chapter 1
1940-1962

ジョン・レノンからビートル・ジョンへ

ジョン・レノンがいなかったら、ビートルズはあそこまで劇的なグループにはならなかった。そう断言してしまってもいいだろう。ジョンには圧倒的な存在感があった。カリスマ的魅力と言い換えてもいい。しかもジョンには、人を惹きつけてやまない〝何か〟が10代半ばにすでに備わっていた。良かれ悪しかれ、常に何かしてくれそうな危うさがある。過激なのに繊細なジョンの大きな魅力である。

そしてまた、同じ時代に同じ場所で知り合った4人——ジョン・レノン、ポール・マッカートニー、ジョージ・ハリスン、リンゴ・スターが、「ビートルズ」としてデビューするまでには、〝運命のいたずら〟とも言える不思議な縁があった。

波乱に富んだ40年の生涯。まずは「ジョン・レノン」が「ビートル・ジョン」になるまでの道のりを辿ってみる。

ジョン・レノンは、1940年10月9日午前6時30分、リヴァプールのオックスフォード産科医院で、商船の乗組員だったアルフレッド・レノンと妻ジュリア・スタンリーの長男として生まれた。ジョンの祖先は、父方はアイルランド系で母方はイングランド系だった。フレッドとジュリアは29年に出会い、38年12月に結婚。最初に生まれたのがジョンだった。

当時リヴァプールはドイツ軍の大空襲による戦火に包まれていて、生まれて間もないジョンを叔母ミミ（メアリー・スミス）が腕に抱いた瞬間にも空襲警報が鳴るほどの凄まじさだったという。父フレッドは航海に出ていてその場に立ち会えなかったため、ジョンという名はミミが付け、ミドルネームのウィンストンは、当時のイギリス首相チャーチルにちなんでジュリアが付けた。1週間もしないうちにジュリアとジョンは退院し、ウェイバートリーにあるニューキャッスル・ロード9番地に住み始めた。

陽気でお道化た不良フレッドと、機知に富み反抗心旺盛なお転婆ジュリアは、ともに音楽好きだったという。ジョンの資質は、明らかに2人から受け継いだものだった。その後、フレッドが43年春に航海に出たまま1年半も音信不通となったため、ジョンは4歳の時に父方の親戚の家に半年ほど預けられた。その間、ジュリアはジョン・ダイキンズと暮らし始め、ジョンは小学校入学（転校）直後の46年6月に、叔母のミミとジョージ（・スミス）叔父に引き取られ、ウールトンのメンローヴ・アヴェニューで幼少時代を過ごすことになった。ジョンは言う。

「お前の父と母はもうお互いに好きじゃなくなったというのがミミの説明だった。僕の父と母を非難するようなことは一言も言わなかった。僕はすぐに父を忘れてしまった。父は死んだも同然だった」

「ミミの自宅は、小さいながらも庭があり、近所には医者とか弁護士とかいった職業の人たちが住んでいた。階級制度を尺度にしていえば、公庫住宅に住んでいたポールやジョージやリンゴよりも半階級上の暮らしをしていた」

両親と離れ離れになるという恵まれない幼少時代を過ごしたものの、ジョージ夫妻のもとでの暮らしは決して貧しいものではなかった。幼児向けの郵便局セットにジョンが「親愛なるジョージ、今晩はミミじゃなくて、あなたが僕を洗ってくれませんか」という手紙を書いたというエピソードもある。ジョンは、ジョージ夫妻の愛情に包まれながら育った。

小学校に入学する前からジョンは本が好きで、中でもリッチマル・クロンプトンの『ジャスト・ウィリアム』のシリーズと『不思議の国のアリス』を読み耽ったという。テレビ番組では『スペシャル・エージェント、ディック・バートン』と『ザ・グーン・ショー』の2つのスリラー・シリーズを気に入り、『ザ・グーン・ショー』に出てくる奇人の物真似を、観たあと即座にやってみせ、ミミを困らせたという。これらの本やテレビ番組が、ジョンの創作活動に大きな影響を与えたのは言うまでもない。幼少時代を振り返ってジョンは言う――。

「幼稚園の頃から僕はヒップだった。他人と違っていたんだ。自分にはどこかおかしいところがあると考えていたね。他人が見るものと違うものを見るんだ。他人には見えないものを見えると言い張るのは、自分がイカレてるか、病的に自己中心的なのかのどちらかだと思った」

幼少時からジョンは、自分の早熟さにすでに気づいていた。45年11月にモスピッツ小学校に入学（46年5月にダヴデイル・ロード小学校に転校）後、すぐに絵の才能を発揮、47年秋には『不思議の国のアリス』のイラストレーションをもとに手作りの絵本を書き始めた。『スポットライト・オン・スポーツ、スピード・アンド・イラストレーション』と題されたその絵本について、ジョンは次のようなコメントを残している。

「『不思議の国のアリス』に夢中で、全部の登場人物の絵を描いたっけ。それからジャバー・ウォッキーの真似をして詩を書いた。もうすっかりアリスやジャスト・ウィリアムになったつもりだったよ」

一方、「何か1冊の本を読むと、すぐそのとおりに実際にやってみようとした。それが僕がガキ大将になりたかったひとつの理由だね。自分がやらせたい遊びを仲間がやらないと、どうしても我慢ならなかったんだ」とも語っているが、小学校時代のジョンは、年がら年中ケンカばかりし、近所のガキ大将として君臨していた。強そうな相手に対しては、「間違いなくこっちが勝つんだと向こうに思い込ませるまで、手を変え品を変え脅迫する」というずる賢さも発揮した。さらに、ジョンの自宅近くにあった孤児院「ストロベリー・

フィールド」へ親友のピート・ショットンやナイジェル・ウェイリーとガーデン・パーティーをしに行き、そこでレモネードを1瓶1ペニーで売ったりもした。「ストロベリー・フィールド」は、ジョンが最も愛着を感じる遊び場のひとつだった。47年のクリスマスには、ミミから初めての楽器となるハーモニカをプレゼントされた。

小学校時代のジョンに、こうした楽しい出来事ばかりがあったわけではない。後々まで彼の心の痛手となる重大な事件も起きた。

46年6月、リヴァプールに戻ったフレッドがジョンをブラックプールに連れて行き、父と母のどちらを選ぶかその場でジョンに迫った。そこに、2人の行方を探しあてたジュリアが駆けつけた。そしてジョンは、悩んだ末にジュリアのもとに走っていったのだ。

ジョンは後年のインタビューで〝ビートルズ物語〟を劇的に話すことがたびたびあったが、ビートルズ研究の第一人者として知られるマーク・ルイソンの『ザ・ビートルズ史（原題 ALL THESE YEARS:Tune In）』には、この時の〝事実〟が書かれている。実際はこうだ——。フレッドは、船員仲間の両親が住んでいるニュージーランドに一緒に行くかリヴァプールに留まるかという、ほとんど選択の余地のない状況をジョンに指し示した。ジュリアはその場にいなかったし、フレッドがブラックプールでジョンに伝えたということもなかった。確実に言えるのは、以後ジョンは父と離れ離れになり、再びミミの家で暮らすこ

母ジュリアと8歳のジョン
（1949年夏）
©Jeff Hochberg/Getty Images

とになった、ということである。

52年、ジョンは、クォリー・バンク・ハイ・スクールに入学した。当時のことをジョンは、こう振り返っている。

「何百人もの新入生を見て思った。この連中とこれからずっとケンカしていかなければならないのかと」

「教師がバカだということにみんな気づかないんだろうか。生徒に不要な知識しか教えられないことを教師はわかっていないんだろうか」

ジョンの素行はますます悪くなり、教師からは札付きの不良の烙印を押されるようになった。そしてまた、ジョンの身に不幸な出来事が起こった。育ての親である叔父のジョージが、55年に肝臓の病気で急死したのである。

「悲しみをどう表現したらいいかわからなかった。何をすべきか、何を言うべきかさっぱりわからないから、僕は2階へ上がり、ヒステリーを起こしてやたらゲラゲラ笑っていた」

ジョンはますます悲しみを内面に隠すようになる。それは、内面の弱さを表面では強がってみせる二面性と表裏一体となってジョンの性格を形作った。ポールの記憶によると、ジョンはかなりあとになってから、「父親が自分のもとを去り、ジョージ叔父が亡くなったことで、俺はこの家系の男性に不幸をもたらしているんじゃないかと思うようになった」と話していたという。

入学まもない52年には、やはり手作りの絵本『マイ・アンソロジー』を作り、担当教員から「9」の評価（最高点）を与えられ、卒業年の57年には『デイリー・ハウル（雑音日誌）』という絵本も作っている。特に『デイリー・ハウル』は、その後の〝絵描き〟としてのジョンの才能を感じさせる秀逸な仕上がりだ。19年から21年にかけてリヴァプールと東京で開催された『ダブル・ファンタジー ジョン&ヨーコ』展でも展示されたが、たとえば、巨大なにんじんを前にウサギが首をひねっているイラストや、2つの似たイラストを並べた「間違い探し」のクイズをはじめ、ジョンの絵と詩の才能やアイディアが全編に溢れている。もうひとつ見逃せないのは、その後ジョンが好んで描くようになる奇妙で異様な人物のイラストの数々だ。ナンセンスな文章とともにジョンが戯画化して描いたのは、教師や同級生だった。それ以前の作風とは異なるグロテスクなユーモア感覚や権威に対する反抗心がジョンに芽生えたのは、叔父のジョージの死と無関係ではないのかもしれない。

絵の才能こそ発揮していたものの、中学の高学年になるにつれ、ジョンの成績は次第に下降していった。ついには最低のCグループにまで落ち、学校からは「このままでいったら落第は確実です。手のほどこしようがありません。クラスの中ではちょっと道化的存在で、他の子の邪魔をしています」と報告される始末だった。学業や素行に対してジョンを厳しく育ててきたミミと衝突することが多くなったのは当然の成り行きだった。そんなジョンを励ましたのが、母ジュリアだった。

「母というより、叔母や姉のような感じだった」

いたずら好きで楽観的なジュリアはジョンとウマが合った。またミミの家から15分ほどしか離れていなかったこともあり、ジョンは54年夏ごろからジュリアの家をたびたび訪れ、週末には泊まりに行くこともあった。ジョンが音楽に目覚めたのは、音楽好きだったジュリアのおかげだった。ジュリアは、ミュージカル映画で歌われた「Girl Of My Dream」や「Ramona」を、祖父から教わったバンジョーで弾き語りしたり、後にジョンが「Do You Want To Know A Secret」（63年）の歌詞に引用したディズニー映画『白雪姫』の「I'm Wishing（私の願い）」を歌って聴かせたりした。そしてジョンはこの時期にジュリアからバンジョーを習い、音楽への興味がどんどん増していった。

この時期にジョンが好んで聴いていたのは、イギリスにスキッフル・ブームを巻き起こすきっかけとなったロニー・ドネガンの「Rock Island Line」（レッドベリーのカヴァー）と、同じくロックンロール・ブームの火付け役となったビル・ヘイリー・アンド・ヒズ・コメッツの「Rock Around The Clock」（映画『暴力教室』の挿入歌）だったが、ジョンが音楽に目を向けるさらに大きなきっかけがもうひとつあった。エルヴィス・プレスリーの登場である。54年7月に「That's All Right（Mama）」でデビューしたプレスリーが56年3月に発表した「Heartbreak Hotel」がイギリスでも大ヒット。ジョンの心を激しく揺さぶったのだ。「〈Heartbreak Hotel〉を聴いた時、『これだ！』と直感した。そしてもみあげを伸ばし、エルヴィスのように装いはじめたんだ」

その言葉どおり、ジョンはテディ・ボーイ・スタイルに身を包み、エルヴィスを目指すロックンローラーへと成長していった。

人前で演奏したい——音楽への関心が芽ばえた多くのティーンエイジャーがそうであるように、ジョンもバンド結成へと歩みを進める。まずジョンは、56年11月頃に初のグループ、ブラック・ジャックスを結成する。翌月にバンド名を出身中学にちなんだクォリー・メンへと改めた。メンバーは、ジョンと、幼馴染のピート・ショットン、ナイジェル・ウェイリー、アイヴァン・ヴォーンの4人だった。

57年3月頃、母ジュリアに頼んで通信販売でギターを購入したジョンは、ジュリアに教えてもらったバンジョーのコードでギターをかき鳴らした。「Calypso Rock」という初のオリジナル曲も書いた（ジョンは曲名しか覚えていない）。その後、4月18日にロカルノ・ボールルームでスキッフル・コンテストに出場したり、6月9日にテレビ・タレント発掘コンテストに出場したり（予選で敗退）、6月22日にローズベリー・ストリートの街頭で、石炭運搬車の荷台で演奏したりと、〝人前での演奏〟を続けていったが、まともなドラマーがいないバンドが優勝を狙うのはどだい無茶な話だった。しかもジョンの気分次第でメンバーは次から次へと入れ替わった。

「誰かを追い出したくなると、僕はすぐそいつとケンカした。ケンカをすりゃあもうおしまいさ。グループを抜けなきゃならない」

寛容なジュリアとは異なり、厳格なミミは、ジョンの音楽活動に反対していた。

「ギターもいいけど、それじゃあ食べていけませんからね」――ミミはジョンに、事あるごとに、口癖のようにそう言い続けるのだった。

57年7月6日、運命の時はやってきた。ウールトンのセント・ピーターズ教会でジョン・レノンはポール・マッカートニーと出会ったのである。

この日、まずジョンは教会のバザーのオープニング・パレードに参加し、トラックの荷台の上で演奏した。続いて教会墓地の裏側にある芝生広場に移動し、そこにポールが着いた。デル・ヴァイキングスの「Come Go With Me」を歌っているジョンを見たポールは、ジョンがろくに歌詞を覚えておらず、でっちあげながら即興で歌っているのに驚いた。

演奏後、控え室でジョンに会ったポールは、ジョンに借りたギターでエディ・コクランの「Twenty Flight Rock」やジーン・ヴィンセントの「Be-Bop-A- Lula」を披露し、ピアノでリトル・リチャードの「Long Tall Sally」も演奏した。その時の様子をジョンが振り返る――。

「アイヴァン・ヴォーンがポールを連れてきた。僕はグループのリーダーだったけど、そのとき決断を迫られたんだ。明らかにほかのメンバーより優れているやつを加えたほうがいいのか悪いのか。結局ポールを加える決心をしたんだ」

「〈Twenty Flight Rock〉を演奏するポールにイカれちまったんだ。やつはたしかにギターがうまかった。それにエルヴィスに似ていたしね。つまりやつに惚れたのさ」

ただし、この出会いの日にちに関しては諸説ある。03年に来日公演を行なったクォリーメンのメンバーにインタビューした和久井光司氏によると、7月6日にはアイヴァン・ヴォーンに会っていないし、あの場で「Twenty Flight Rock」を歌える場所はなかったとメンバーは語っていたという。また、『ザ・ビートルズ史』によると、ポールの家族がフォースリン・ロードに引っ越した56年夏、新聞配達のアルバイトをしていた14歳のポールは、ニューススタンドの店先で一度ジョンと話をしたという。

「会う前から、彼の姿は何度か見かけていた。『ああ、あいつか。バスに乗ってたあの不良か』って。イカしたやつは目立つんだ……でも（バスの中で）決してじろじろ見たりはしなかった。殴られたら困るからね」

ポールは20年にイギリスＢＢＣラジオ2で放送されたジョンの生誕80周年記念番組『John Lennon At 80』で、2人の出会いについて、ジョンの息子ショーンにこう語った。

「今、（ジョンの）ファンのような感覚であの頃を振り返ってみて、バスの中で僕と同じように音楽を演奏する見知らぬテディ・ボーイに出会えたことがどれほど幸運だったことかと思うし、僕らは一緒に音楽をやりながらお互いを補い合っていたんだよ」

ジョンへの憧れが感じられる内容でもあるが、ポールのこの発言を聞いて、ビートルズ解散間際に行なわれた〝ゲット・バック・セッション〟でポールが歌った新曲「Teddy Boy」もまた、ジョンへ呼びかけた1曲だったのかもしれない、とふと思った。

ポールがクォリー・メンのメンバーとしてライヴ・デビューしたのは、ジョンと出会って3ヵ月後の10月18日のことだった。だが、ニュー・クラブムーア・ホールでリード・ギタリストとして初演奏を行なったものの、緊張のあまり「Guitar Boogie」でのギター・ソロをミスってしまい、その後、リード・ギターを弾かなくなったという。

学業を放り出していたジョンは、絵を描くことだけには興味を持っていた。ジョンを異端視していた教師たちも、絵と文章の才能を高く評価し、校長の勧めでジョンは57年9月にリヴァプール・カレッジ・オブ・アートという美術学校に入学することになった。

ジョンのその後の軌跡を思うと、美術学校への入学は、ポールとの出会いに続く重要な意味合いがある。そこでジョンが知り合ったのは2人——最初の妻となるシンシア・パウエルと、ビートルズの初代ベーシストとなるスチュアート・サトクリフだった。ジョンはシンシアのクールさに魅かれ、「ちくしょう、彼女はイカすな。ブリジッド・バルドーそっくりだぜ」と友人によく漏らしていたという。バルドー好きのジョンはシンシアと次第に親しい間柄になっていったが、見た目だけでなく、2人がひどい近眼だったことと、シンシアが17歳の時に父を亡くしていたことも、2人を結びつける大きな要因としてあった。そうした重要な出会いはあったものの、肝心の授業についてジョンはこんなコメントを残している。

「レタリングの連中はくだらないやつらばかりだった。あれならスカイダイビングでもやっていた方がまだましだ。僕は試験に落ちてばかりいた。それでも美術学校を辞めなかったのは、勤めよりましだったからさ。就職の代わりに学校へ行っていたんだ」

この時期ジョンが本気で打ち込んでいたのはロックンロールであり、クォリー・メンとしてのグループ活動だった。流動的だったメンバーは、58年2月6日にジョージ・ハリスンが加入したことで、グループの結束が強まった。ジョージは当時ポールと同じリヴァプール・インスティチュートに通っていて、56年秋に通学中のバスの中で2人は出会ったという。42年6月18日生まれのポールと43年2月25日生まれのジョージは、日本だと同じ学年になるが、イギリスではポールが1学年上だった（10代でのその差は大きい）。ポールに誘われたジョージは、58年1月、2階建てバスの中でビル・ジャスティスの最新ヒット曲「Raunchy」をジョンの目の前で弾き、〝オーディション〟に合格した。ジョンは言う。

「ポールと会っていると、ちょうど2人だけで集会をやっているような感じだった。つまり僕ら2人はウマが合ったということだ。それが今や、ジョージを加えて同じ考え方をする人間が3人になったんだ」

3月8日、ポールのいとこの結婚披露パーティでの演奏が、クォリー・メンでのジョージのステージ・デビューとなった。

ジョンがこの時期にほかに夢中になって聴いていたのは、カール・パーキンス、ジーン・ヴィンセント、ファッツ・ドミノ、チャック・ベリー、バディ・ホリー、エディ・コクランなど、ロックンロールやR&Bの先達だった。10代に熱心に聴いた音楽は、その後の人生にも大きな影響を与えると言われるが、ジョンもしかり、だった。

父との離別、叔父の死に次いで、ジョンの心に大きな傷跡を残す事件がまた起きた。58年7月15日、ミミの家からの帰宅途中にジュリアが非番の警官の車にはねられて死亡したのだ。ポールとジョージとの出会いで新たな道が開かれた矢先の出来事だった。

「何年か前から僕とジュリアは本当に親しくなっていた。ジュリアは素晴らしい人だった。だから僕は、ちくしょう、ちくしょう、ちくしょうと思った。何もかもがこれでだめになってしまったんだ。僕が責任を負うべき相手はもういないんだ」

「僕は母を2度も失った。関係を立て直そうと本気で考え始めた途端、母は殺されたんだ」

のちにジョンはその時の辛い胸の内を明かしたが、当時は決して気持ちを表に出そうとはしなかった。ジュリアの死は、ジョンよりも2年早く母を亡くしていたポールとジョンの仲間意識を、図らずも強めることになった。シンシアの時もそうだったが、自分と同じような境遇で育った人間に対して、ジョンは良くも悪くも親近感を覚えることが多い。この時期、ジョンとシンシアはお互いを必要とするほどの関係になっていた。シンシアは、ジョンのお気に入りのブリジッド・バルドーのように金髪に染めたのをはじめ、入学時とは比べようがないぐらい外見を変えていた。ジョンのほうも、シンシアがほかの男と話をしただけで、「あいつはどこの馬の骨だ」とシンシアへの嫉妬心をあからさまに表に出すようになっていた。そして58年の大学のクリスマス・パーティーでジョンはシンシアに「一緒に踊ってくれないか」と声をかけ、それがきっかけで2人は本格的に交際するようになった。ただし、その時シンシアは「ホイレイクのある人と婚約しているの」と伝え、対してジョンは「僕と結婚してくれなんて言ったかい」と返したという。傷ついた内心とは裏腹に、相手を攻撃するような姿勢を取るのは、その後も変わらぬジョンの性格だった。当時のリヴァプールの荒くれ男たちと同じように、女を殴るのが当たり前で、ジョンはシンシアや別の女友達を一度殴ったことがあった。「Getting Better」（67年）の歌詞には、男性至上主義だったジョンの〝懺悔〟が込められている。

ジュリアが死んだあともジョン・ダイキンズとの付き合いを続けていたジョンは、ポールと知り合ってからはダイキンズの家でポールとの曲作りやリハーサルを行なっていた。この頃ジョンとポールはひとつの口約束を結んでいる。

「法律的なものじゃないけど、協力して曲を書こうって決めた時、それが何であっても2人の名前で出すことにするとね」（ジョン）

20世紀を代表する作曲家と評された「レノン＝マッカートニー」のクレジットはこうして生まれたもので、69年まで2人はその約束を守った。

クォリー・メン──メンバーは〝ビートルズの3人〟とピアニストのジョン・〝ダフ〟・ロウとドラマーのコリン・ハントン──は、その後も順調に活動を続け、58年5月か6月に、リヴァプールのスタジオで78回転の自主制作盤を制作した。レコーディングされたのは、バディ・ホリーのカヴァー「That'll Be The Day」と、ポールとジョージの共作曲「In Spite Of All The Danger」の2曲だった（ヴォーカルはともにジョン）。レコードは1週間ごとに交代で保管することになったが、「23年間ずっと持っていた」（ポール）ロウから81年にポールが買い取り、その音源がビートルズの『ANTHOLOGY 1』に収録された。

メンバーは相変わらず流動的だった。ピアニストとドラマーが相次いで抜け、また3人組になってしまったものの、11月上旬、グループ名をジョニー・アンド・ザ・ムーンドッグスと改めてテレビ・タレント発掘番組の予選に臨み、本選まで進んだ。だが、宿泊費の持ち合わせがなく、リヴァプールに戻らなければならない時間が迫ってきたため、決勝の結果を聞くことなく会場を後にした。これも『ザ・ビートルズ史』で判明した新事実だが、ジョン、ポール、ジョージのトリオはこの後にグループ名を、3人の名前の頭文字を元にジェイペイジ・スリー（JAPAGE3）と改め、半年ほどゆるやかに活動を続けていた。

ここで、ビートルズ・ストーリーに名を残す人物がまた一人登場する。デビュー前のドラマーとして知られるピート・ベストだ。とはいえ、この時点では、ピートがビートルズに加わるのはまだまだ先の話で、あくまで両者の接点が生まれたに過ぎない。

59年8月29日、ピートの母モナが経営するカスバ・クラブのオープニング・アクトを、ジョージが別に参加していたレス・スチュアート・カルテットが務める予定だったが、直前に解散。そのバンドのケン・ブラウンをジェイペイジ・スリーに加え、新生クォリーメン（クォリー・メンから改名）として活動を開始した。こうしてクォリーメンは、60年1月中旬まで、カスバ・クラブのレギュラー・バンドとして安定した活動を続けていく。

一方、スチュアート・サトクリフとの親交を深めていたジョンは、60年1月21日、スチュをベーシストとして半ば強引にメンバーに引きずり込んだ。「引きずり込んだ」と書いたのは、ポールやジョージと違ってスチュは音楽の素人だったからだ。では、なぜジョンはスチュをメンバーに加えたのか？　ビートルズ解散後にジョンが結成したプラスティック・オノ・バンドにおける妻ヨーコ、あるいは同じく解散後にポールが結成したウイングスにおける妻リンダと、これは同じ意味合いだ。

そばにいてほしい――スチュに対して、ジョンは（ポール以上に）そう実感していたに違いない。実際、1月から半年ほど、「ゴミ捨て場のようだった」とジョンが言う、美術学校近くのガンビア・テラスでスチュと2人で共同生活を送っているのだ（6月からは、家を出たジョージも同居した）。ガンビア・テラスは、ジョンがミミの目を盗んでシンシアと会う隠れ家にもなっていたが、そこでジョンはスチュと美術の話をしたりした。「ジョンが長いこと一緒にいても心から楽しんでいたただ一人の子だった」とミミが認めるほど、ジョンとスチュは切っても切れない関係にあった。ジョンとスチュが、ビートルズというバンド名を考案したのも、ガンビア・テラスでのことだった。

3月から5月にかけてジョン、ポール、スチュはポールの自宅でセッションを行ない、自作の「Hello Little Girl」「One After 909」「I'll Follow The Sun」などを演奏した。また、同じく3月にはジョン、ポール、ジョージがリヴァプールの貸しスタジオで「One After 909」の自主制作盤をレコーディングしているし（音源は現存せず）、3月27日にはスチュが書いた手紙に〝Beatals〟（スチュは〝ビータルズ〟が気に入っていた）の文字が登場するなど、バンドへの結束が高まっている様子が伝わる出来事が徐々に増えていく。

アラン・ウィリアムズも、〝ビートルズ前史〟を語る上で欠かせない重要人物の一人である。〝ビートルズを手離した男〟という汚名を着せられたが、アランは初代マネージャーとして、特にライヴ活動の場を広げることに力を尽くした。共同生活を始めたジョンとスチュが、美術学校に通っていた時に行きつけだったのは、家庭的なパブ「イー・クラック」（学校に行かないジョンの補講の場所）やコーヒー・クラブ「ジャカランダ」だったが、アランはその「ジャカランダ」のオーナーでもあった。

この時期に、もうひとつ目を見張る動きがあった。4月23日にジョンとポールはイギリス南部のバークシャーにあるポールのいとこエリザベスと夫マイク・ロビンスが経営するパブへと向かい、ナーク・トゥインズ名義でアコースティック・ライヴを行なったのだ。想像するに、2人のアイドルでもあったエヴァリー・ブラザーズを彷彿させるステージだったにちがいない。

一方、リヴァプールの人気ロックンロール歌手ビリー・フューリーのバック・バンドのオーディションを、興行主ラリー・パーンズが5月10日に行なうことを知ったジョンは、5月6日（または7日）に参加をアランに直訴した。しかし、バンドには相変わらずドラマーが不在だったため、トミー・ムーアが参加することになった。オーディションにはロング・ジョン＆シルヴァー・ビートルズの名前で臨んだが、トミー・ムーアが遅刻したため、キャス＆ザ・キャサノヴァズのドラマー、ジョニー・ハッチンスンが急遽バックを務めることになった。このオーディション時の写真は『ハウ・ゼイ・ビケイム・ザ・ビートルズ 誰も知らなかったビートルズ・ヒストリー』（89年）に掲載されているが、ギターが壊れて買い替えていなかった（お金がなかった）ジョンの、マイクを持って歌う珍しい姿や、ベースがうまく弾けないのをごまかすために後ろ向きで演奏するスチュ、全くやる気のない表情で演奏するジョニー・ハッチンスンなど、貴重な演奏場面が数多く見られる。

彼らの演奏を気に入ったパーンズはスチュを外すようにメンバーに伝えたが、ジョンが拒否したため、その申し出を受け入れ、同じくリヴァプールで人気のあったジョニー・ジェントルのバック・バンドとしてスコットランド・ツアーに同行させた。この初の海外ツアーは、5月20日から28日まで、7都市で計7公演が行なわれた。ツアーに際し、メンバーはそれぞれ芸名を名乗った。ジョンはジョニー・レノン、ジョージは憧れのカール・パーキンスの名前を借用したカール・ハリスン、ポールはポール・ラモーン、スチュは画家ニコラ・ド・スタールの名前を借用したスチュアート・ド・スタールである。

初日公演の開始30分前にジェントルと初めて顔を合わせたメンバーは、簡単なリハーサルを行なっただけでステージに臨んだ。また、ジェントルは、こんな〝事実〟を明かしている——ツアー中に書いた「I've Just Fallen For Someone」という曲は、ジョンがサビ（ミドル）を手伝って完成した曲だったと。この曲は、ダーレン・ヤングが62年に（ビートルズと同じ）パーロフォンから発表したシングル「My Tears Will Turn To Laugher」のB面に収録されたが、クレジットはジェントルのみとなっている。

スコットランドから戻ったあと、ジョンはグループ名をシルヴァー・ビートルズ（Silver Beetles）からビートルズ（Beatles）へと変えた。とはいえ、〝ビートルズ〟というグループ名をいつ正式に名乗ったかは、実は定かではない。ジェントルはスコットランド・ツアーの最中に変更したと語っているが、"a"付きの"Beatles"になったのは、ツアー以後のことだろう。ビートルズの名前の由来についてジョンはさまざまな答え方をしているが、中でも有名なのは、61年7月にリヴァプールで創刊された音楽情報誌「マージー・ビート」の創刊号にジョンが寄せた一文〝ビートルズの怪しげな起源に関する短い気晴らし〟だ。

「『ビートルズってなんだ?』『なんでビートルズなんだ?』と訊かれる。ではお話しよう。一人の男が燃えさかるパイに乗って現れて、こう告げた。『今日からお前たちは、2つ目のEをAに変えたビートルズ（Beatles）だ』と」

この「燃えさかるパイ（"Fleming Pie"）を元にポールは97年に、アルバム・タイトルにもなった「フレイミング・パイ」を書き上げた。グループ名についてジョンは、こんなふうにも語っている。

「甲虫（Beetles）という名前がふと浮かんだ。僕はそれを"Beatles"と綴ることにした。ほんの冗談みたいなものだけど、このほうがビート（Beat）音楽らしく見えるだろ」

眼鏡をかけてロックンロールを歌うバディ・ホリーを見て、近眼のジョンは親近感を覚えたというが、ジョンのアイドル、バディ・ホリーのバック・バンド、クリケッツが、イギリスの競技（クリケット）と虫（こおろぎ）を引っかけた命名だったので、ジョン（とスチュ）は、それに倣って“Beet”と“Beat”をかけたわけだ。日本ではビートルズ＝カブトムシというイメージが強いが、マーク・ルイソンによると、イギリスでは、ビートルズ＝ゴキブリを含む甲虫類のイメージで、カブトムシを家で飼うなんてことはあり得ない、とのことだ。デビュー後（67年）、マネージャーのブライアン・エプスタインやジョージ・ハリスンが「STAMP OUT “THE BEATLES”」と書かれたトレーナーを着ている写真がある。それを見ると、〝ビートルズ〟とは、踏みつぶしたくなるほど忌み嫌う存在であることがわかる。ビートルズというグループ名には、そのトレーナーのロゴと同じく自虐的なユーモアが込められていた、というわけだ。

バンド名も決まり、プロの道を本腰を入れて目指すようになった新生ビートルズに、アラン・ウィリアムズの口利きで、8月8日にハンブルク行きの話が舞い込んできた。そこで13日に形式だけのオーディションを行ない、ピート・ベストがドラマーとして正式に加入した。ジョン、ポール、ジョージ、スチュ、ピート――〝5人組ビートルズ〟の母体がこうして出来上がった。

8月15日から11月30日までの3ヵ月半、ビートルズはハンブルクでの過酷な日々を過ごすことになる。ビートルズがライヴでの叩き上げの実力バンドだと言われるのは、この時の経験があったからだ。まず8月17日から10月2日までインドラ・クラブに出演した。契約は10月16日までだったが、出演が1ヵ月半で終わったのは、演奏がうるさすぎて出演を拒否されたからだ。ちょうどその時期（9月30日）にリンゴがドラマーとして加入していたロリー・ストーム&ザ・ハリケーンズもハンブルクに到着し、10月4日から、両者はカイザーケラーに交互に出演するようになる。ジョン、ポール、ジョージとリンゴとの交流は、この時から始まった。

しかも10月15日には、ジョン、ポール、ジョージ、リンゴに、ハリケーンズのベーシスト兼ヴォーカリスト、ルー・〝ウォリー〟・ウォーターズの5人で、ジョージ・ガーシュウィンの「Summertime」と、ウォーターズの持ち歌だったペギー・リーの「Fever」、それに映画『旅愁』の主題歌として知られるクルト・ワイルの「September Song」の3曲を収めた自主制作盤を制作したのだ。これはルー・ウォーターズを売り出そうと決めたアラン・ウィリアムズの発案で生まれたセッションだったが、そのおかげで、図らずも〝ビートルズの4人〟の初レコーディングが実現する運びとなった（残念ながら、この歴史的音源は残されていない）。

その5日後の20日には、カイザーケラーでさらに重要な出会いがあった。道路にまで聞こえてくる演奏に興味を覚えたクラウス・フォアマンがビートルズを観て衝撃を受け、翌日、友人2人を誘ったのだ。

「僕が話しかける気になった最初のドイツ人だ」とジョンが言うアストリット・キルヒヘルと、ジョンのアルバム『ROCK 'N' ROLL』（75年）のジャケットを撮影したユルゲン・フォルマー、そしてクラウスとの出会いである。クラウスはその後、ビートルズの『REVOLVER』（66年）や『ANTHOLOGY』シリーズ（95年～96年）のジャケットのイラストを描いたり、ジョン、ジョージ、リンゴの70年代の多くのソロ・アルバムに参加したりと、以後、交友関係を変わらず続けている。

特にデビュー直後のイメージに関して、アストリットがビートルズに与えた影響は計り知れない。マッシュルーム・カットも、セカンド・アルバム『WITH THE BEATLES』（63年）のジャケットの印象的な〝ハーフ・シャドウ〟の写真も、アストリットのアイディアだった（アストリットは20年5月に81歳で亡くなった）。その後、しばらくしてアストリットとスチュは恋仲になり、スチュはそのままハンブルクに残ることになる。ジョンとスチュについて、アストリットはこんな発言を残している。

「2人には、同じような人生観や価値観がありました。ジョンは、スチュの演奏や歌や、そのほか何に関してもからかうことで、常に強い男になっていなければならなかったんです。ジョンの心のどこかに『なあ、俺はお前が好きだよ』とは言えない何かがあったんです。私が思うに、ジョンはスチュを精神的なライバルだと思っていたのです」

「僕ら自身が最良と思える演奏をやった」（ジョン）というハンブルクでのステージは、観客に好評だった（ジョンはステージで尻も出したりした）。「マック・シャウ！（派手にやれ！）」とドイツの荒くれ男たちから声が絶え間なくかかる中、ハンブルクで購入したばかりのリッケンバッカーのギターを弾きながら、盛り上げるためにはなりふり構わず、やれることは何でもやろうという精神だった。

10月28日には、リヴァプールで人気のロックンロール歌手でギタリストのトニー・シェリダンが、トップ・テン・クラブに出演し始めた。ビートルズのメンバーはトニーのステージを観に頻繁に足を運び、たまに共演することもあった。ところが、トップ・テン・クラブでトニーと共演したのは契約違反だとカイザーケラーと契約を結んだドイツのプロモーター、ブルーノ・コシュミダーに訴えられ、予定よりも1ヵ月早い11月末に出演契約を打ち切られてしまった。しかも、11月21日には、未成年者の不法就労を理由にジョージがリヴァプールに強制送還となった。

だが、ビートルズ側も負けていない。カイザーケラーで演奏中にハリケーンズのメンバーとともにステージを破壊したのだ（ハリケーンズも契約打ち切りになった）。そしてビートルズは、より会場の大きいトップ・テン・クラブへの61年4月からの出演契約を結び、11月30日にお披露目で演奏したが、この日に今度はバンビ・キノでの放火容疑（ポールとピートがコンドームに火を点けてボヤ騒ぎを起こした）でジョン、ポール、スチュ、ピートが逮捕されてしまう。これはコシュミダーから警察へのタレコミだったようだが、12月1日にジョンとスチュは釈放され、ポールとピートはジョージに続いて国外退去処分となった。12月7日、無一文でリヴァプールに戻ったジョンは、その時の心境を次のように語った。

「本当に自分が惨めだった。ひもじい思いをして、働きながらイギリスへ辿り着いたんだ。食べ物を買うお金もないままハンブルクに釘付けになっている状態は、冗談にもならなかったよ」

また、リヴァプールに戻ってからは、「1ヵ月ほど誰にも連絡しなかった。引っ込んだままでいることは価値があるかどうかなどと、一人で考えていたんだ。ジョージとポールがそんな僕を見つけ出したんだ。2人はひどく怒っていたね。そんな状態だったら、働いているほうがよっぽどいいじゃないかと言うんだ。ただ、僕は身を隠していたかっただけなんだ。いつ動きを止めるか、そいつを知ることが生き抜く道に繋がっているんだ」と、まるで70年代後半の主夫時代の〝隠遁生活〟を思わせるような興味深い発言を残している。

ジョンに限らずポールもジョージもピートも、ハンブルクから強制送還させられたことで先行きの見通しが立たなくなりそうだったが、12月27日、リザーランド・ボールルームでの演奏が、彼らの意識を大きく変えることになる。

「あの夜だ、僕らが自分たちの殻から出て走り出したのは。僕らは自分たちが有名なんだということを発見した。ハンブルク以前は自分たちだってかなりいけると思っていたけど、すごいとは思っていなかった」（ジョン）

この日のコンサートでは、女性ファンが金切り声を上げながらステージめがけて突進するというそれまでには見られなかった光景が出現したのである。ビートルマニアの誕生の瞬間、と言ってもいい出来事だった。

61年に入ると、ビートルズを取り巻く状況にも変化が見え始める。まず2月9日にリヴァプールのキャヴァーン・クラブに初出演を果たし、以後レギュラー・バンドとなった。続いて4月1日から7月1日までの3ヵ月間は再びハンブルク遠征を行ない、トップ・テン・クラブで演奏した。その間、5月にはスチュがハンブルクの美術造形大学への入学が認められ、美術の勉強を再開することになったため、ステージでギターやピアノを弾いていたポールが、以後はベースを担当することになった（この時にポールはヘフナーのヴァイオリン・ベースを購入した）。

髪型に関しても、こんなエピソードがある。スチュが前髪を下ろした髪型でクラブに行ったところ、それを見たジョンはスチュをからかったという。アストリットは、その時の様子について、こう語っている。
「ジョンは笑い転げました。『おい、それかっこいいじゃないか』と言う勇気が彼にはなかったんです。ジョンはそういうふうにいざ自分の気持ちを表わすとなると屈折した人間になりました。彼は感情を包み隠したんです。本音を吐くことができなかったから、それを隠し、そうする時によく人を傷つけたんですね」
これぞ、ジョンの人間性の本質を突いた発言と言えるだろう。ポールも、ジョンの生誕80周年記念の特番で、ショーンを相手に、ジョンの表向きの自信は彼にとっての〝盾〟であり、ジョンのウィットは不安を包み隠すためのものだったという興味深い話をしている。「ジョン・レノンみたいな、天才で賢くて機知に富み、自信に満ち溢れたやつが、なぜ不安を抱えているんだ？って思うだろ。でも僕らはみんな、脆い存在なんだよ」（ポール）
ツアーに続いて、ビートルズにオフィシャル・レコーディングの機会がやってきた。トップ・テン・クラブでトニー・シェリダンのステージを観た歌手のトミー・ケントが、プロデューサーのベルト・ケンプフェルトにトニーを紹介したのがきっかけだった。6月22日（23日と2日の可能性もあり）にハンブルクのフリードリッヒ・エバート・ハレ（高等学校に併設された市営のコンサート・ホール）でビートルズをバックにセッションが行なわれ、「My Bonnie」「The Saints（聖者の行進）」「Why」「Take Out Some Insurance On Me, Baby」

「Nobody's Child」の5曲が録音された。幸運にも、ビートルズだけの演奏曲——ジョンが歌う「Ain't She Sweet（いい娘じゃないか）」とジョンとジョージの共作インストゥルメンタル「Beatle Bop」（著作権管理時に「Cry For A Shadow」に改題）も収録されている。

「その話があった時、こいつはやさしい仕事だと思った。ドイツのレコードなんてろくなものがないから、僕らがやればいいレコードができるに決まっているからさ。僕らの曲を5曲ばかりやってみせたが、向こうは気に入らなかったようだ。向こうは〈My Bonnie〉みたいな曲が好きでね」

ジョンの言葉どおり、61年10月23日にシングル「My Bonnie / The Saints」がドイツで発売された。ビートルズ初のオフィシャル・レコードである。ただしスリーヴに記載されたバック・バンドは〝ビート・ブラザーズ〟名義だった。「My Bonnie」はドイツのチャートで5位まで上がり、10万枚を売り上げるヒットを記録した。そして——発売間もないそのシングルの存在を10月28日に知り、ビートルズに関心を抱いたのが、リヴァプールのレコード店NEMSのオーナー、ブライアン・エプスタインだった。

売れたレコードと在庫の確認を日々怠らず、客の注文がきたら即座に対応できる態勢をとる。NEMSに行けばどんなレコードでも手に入る——エプスタインのそうしたプロ意識をぐらつかせたのはビートルズだった。61年10月28日、20歳のレイモンド・ジョーンズ

（41年7月21日生まれ）は「My Bonnie」のシングルを探しにＮＥＭＳに来たが、エプスタインはそのシングルのことを知らなかったのだ。ただし、エプスタインは、ビル・ハリーが創刊したリヴァプールの音楽情報誌「マージー・ビート」のレコード評を担当するなど、地元の音楽シーンに強い関心を持っていたので、それ以前に〝ビートルズ〟の名前を目にしていた可能性はある。〝ビートルズ〟は知っていても〝ビート・ブラザーズ〟は知らなかった、ということなのかもしれないが。

ビートルズに興味を示したエプスタインは、11月9日、店から歩いて数分で行けるキャヴァーン・クラブに足を運び、彼らのスター性に即座に惚れ込んだ。そして11月29日に契約を申し出たエプスタインは、契約締結（12月3日）前にもかかわらず、12月1日にデッカとＥＭＩにビートルズを売り込んだ。17日には、アルバート・マリオンが撮影した初の宣伝用のフォト・セッションも行なっている。デッカの担当者はビートルズに興味を示したが、ＥＭＩからは19日に断りの手紙が届いた。

こうして62年の元日、デッカ・レコードのオーディションが実現した。ただしオーディションといっても、実際はテスト・レコーディングだった。演奏が良かったらそのまま契約し、演奏曲の中からシングルを出そうという思惑がデッカにはあったのかもしれない。いずれにしても〝舞台〟は整い、ジョン、ポール、ジョージ、ピートの4人は、ローディーのニール・アスピノールが運転するヴァンでロンドンのウェスト・ハムステッドへと向かった（エプスタインは列車で移動）。だが、吹雪のための交通渋滞などで到着が遅れ、スタジオに着いたのは開始時間ぎりぎり（11時）だったという。

ジョンの「Hello Little Girl」とポールの「Like Dreamers Do」などのオリジナル曲ほか15曲がレコーディングされたが、ジョンもポールも声が上ずっていて、本調子とは程遠い仕上がりだった。とはいえ、演奏に立ち会ったマイク・スミスの感触が良かったため、ビートルズもエプスタインも合格は間違いないものと思っていた。だが、数週間経ってもデッカからは何の知らせもない。そしてエプスタインは1ヵ月後の2月6日にロンドンに向かい、デッカのディック・ロウ（スミスの上司）とビーチャー・スティーヴンスから「シャドウズに音が似ているし、ギター中心のバンドは流行らない」という理由で不合格の知らせを耳にする結果となった。

その場でエプスタインは、「ビートルズはプレスリーを凌ぐ大物になると確信しています」と涙ながらに告げたそうだが、ジョンは、いかにもな物言いで振り返っている。

「デッカはもっと洗練されたものを求めていて、僕らの可能性がわからなかったのさ。（ディック・ロウは）頭を打って死んじまえばいいんだ」

このオーディションに関して、『ザ・ビートルズ史』で明らかになったことがある。

初のオフィシャル・フォト・セッション。右からジョン・レノン、
ポール・マッカートニー、ピート・ベスト、ジョージ・ハリスン
（1961年12月17日）

デッカは2月6日にこんな条件を出したという――「ビートルズとは契約しないが、代わりに、経費を全額負担すればレコードを作ることができるが、どうだろう?」と。

怒りで紅潮したエプスタインの顔が目に浮かぶようだ。エプスタインは、1月24日にビートルズのマネージャーとして5年間の契約を正式に結んだ。

エプスタインのマネージャーとしての手腕でまず挙げられるのは、ビートルズの見た目とステージでの振る舞いを改めさせたことだ。世界で通用するグループにするためだ。テディ・ボーイ風の革ジャンをやめてスーツへと変え、ステージではお行儀よく、1曲ずつお辞儀をすることなどをメンバーに要求した。それでもジョンは、ネクタイを緩く締めたり、シャツのいちばん上のボタンを外したりして、ささやかな抵抗を試みていた。エプスタインの要望を受け入れたことについてジョンは、「金を払ってくれるやつがいるんなら、ばかげた風船だって身につけてやる。そんな感じだったね」とのちに語っている。実際、4月5日のキャヴァーン・クラブでのファンクラブ(61年8月に発足)主催の特別イベントに出演した際にエプスタインは、前半は革ジャンで後半はスーツで演奏という新たなイメージ作りを打ち出す試みを行なっている。

2月7日、エプスタインはロンドンのオックスフォード通りにあるHMVレコードに向かい、店長の勧めでデッカ・レコーディングを収めたアセテート盤を制作した。しかもその場でEMI傘下の音楽出版社アードモア&ビーチウッドを紹介され、EMI傘下のパーロフォン・レーベルのプロデューサー、ジョージ・マーティンとの面会の約束を取りつけたのである。10日にデッカの申し出を断ったため、この時点での契約の望みはEMIだけとなったが、エプスタインの目の前で13日にビートルズの音源を聴いたジョージ・マーティンは、しかしながら興味を示さずに終わった。

この時期、ジョンはまたしても訃報を耳にする。親友スチュアート・サトクリフが、4月10日に急逝したのだ。まだ21歳の若さだった。できたばかりのロックンロール専門のライヴハウス、スター・クラブに出演するため、ハンブルクへと向かう直前の出来事だった。翌11日、ハンブルク空港でアストリットの出迎えを受けたジョンは、その場でスチュの死を告げられたのだ。アストリットは言う——。

「ジョンは決して泣きませんでした。異常な笑い方をして、それは決して止まりませんでした。事実に直面したくないという彼なりの方法だったんです。ジョンはその知らせを聞いてから少し経つと自分の殻に閉じこもりました。ジョンがその時期をどうやって乗り越えたか、私にはわかりません」

ジョンの対処の仕方は、ジョージ叔父が死んだ時と全く同じだった。ジョンは、ビートルズのデビュー後にスチュのことを聞かれ、次のように答えている。

「僕はスチュを尊敬していた。いつも本当のことを言ってくれる人間として、僕は彼を頼りにしていたんだ。いまポールを頼りにしているようにね。スチュなら、何が良くて何が悪いかを遠慮せずに言ってくれた。僕は彼を信じていたんだ」

スチュの葬儀後、ハンブルクに戻ってきたアストリットの自宅をジョンとジョージが訪ねた。その時にジョンはアストリットをこう慰めた。

「生きるのか、死ぬのか。決めるんだ。いつまでも泣いているわけにはいかないだろ。前に進まなきゃ」

「僕たちとスター・クラブに来るといい。家でじっと座っていちゃだめだよ。それでスチュが帰ってくるわけじゃないんだから」

スチュの死を乗り越えて行なわれた3度目のハンブルク遠征は、4月13日から5月31日まで2ヵ月近くに及んだ（ジョンは、マント姿で帽子を被り、首から便器を下げてステージに上がったという）。その間も、デビューに向けて慌ただしい動きがビートルズの周辺で起こっていた。トニー・シェリダンのポリドール・セッションが5月24日に再び行なわれ、ビートルズにロイ・ヤング（ピアノ）を加えた5人がバックをつとめ、同じくベルト・ケンプフェルトのプロデュースにより「Sweet Georgia Brown」（コーラス・アレンジはポール）と

「Swanee River」が収録された（トニー・シェリダンは6月7日にヴォーカルをダビング）。

ハンブルク滞在中の5月9日には、ブライアン・エプスタインとジョージ・マーティンとの（おそらく）2度目の会合もあった。その場でマーティンは、ビートルズとのレコーディング契約をエプスタインに申し出た。2月の初会合時にビートルズに関心を示さなかったマーティンは、なぜここでOKしたのだろうか？　その背景には、どうやら様々な理由があったことも、『ザ・ビートルズ史』で明らかになった。

ＥＭＩの音楽出版業務の運営を任されていたシド・コールマンが、ビートルズがオリジナル曲を持っていることを知り、アードモア&ビーチウッドでの出版に興味を示したというのがそのひとつだ。もうひとつは、かなり意外な気がするが、当時マーティンがＥＭＩの秘書ジュディ・ロックハート・スミスと〝不倫関係〟にあり、不純な関係を許さないレコード部門の取締役レン・ウッドがマーティンに、興味のないビートルズを強制的に担当させた、というのだ。幸いなことに、コメディ・レコードや実験的な作品を数多く手掛けてきたジョージ・マーティンとビートルズは、実に相性が良かった。

挫折を味わいながらも5月25日にエプスタインはパーロフォン・レーベルとのレコーディング契約に署名し、6月6日、ＥＭＩスタジオで、テストも兼ねた初のレコーディング・セッションが行なわれることになった。セッションにはジョン、ポール、ジョージ、ピートの4人で臨み、コースターズの「Besame Mucho」と、ポールが主に書いた「Love Me Do」と「P.S. I Love You」、それにジョンが書いた「Ask Me Why」の4曲が収録された。レコーディングは、ロン・リチャーズ（プロデューサー）とノーマン・スミス（エンジニア）の立ち会いで始まった。マーティンは「Love Me Do」の演奏中にコントロール・ルームに入ったようだが、オリジナル曲にも彼らの演奏にも取り立てて興味を覚えなかったものの、初対面の4人の個性には惹かれたようだ。

「実績がないくせに生意気なところがあった。だが、私は反骨的な人間が好きだし、彼らのユーモアも気に入った。カリスマ性もあり、それだけでも売れると思った」

ジョージ・マーティンをこう思わせたのはジョージだった。セッションが終わった後、プレイバックを聴いている最中にも何も言葉を発しない4人に向かって、マーティンは「何か気に入らないことでもあるのか?」と問いかけた。対してジョージはこう答えたのだ——「あなたのネクタイが気に入らないな」。

このやりとりで、その場の空気が一気に和んだという。

こうしてビートルズはついにプロ・デビューを迎えることになった。だが、ピートには朗報は伝えられなかった。ピートが病気の時（61年12月）などにリンゴとステージでたびたび共演し、ピートより技量が高く、相性もいいと感じていたジョン、ポール、ジョージの3人は、62年6月にドラマー交替の意向をエプスタインに伝えていたのだ。ジョンは、もしピートを解雇してくれればリンゴを引き抜くとエプスタインに告げ、8月14日にジョンはリンゴに電話して加入を要請。16日の朝、エプスタインはピートを事務所に呼び出し、「ボーイズ（ビートルズのこと）と私はもう君を必要としていない。代わりにリンゴが入る」と卒直に解雇を告げた。当のピートは事務所に入ってエプスタインの顔を見た途端に何を言われるかを察したと言うが、思わず「僕がドラマーに不向きであることがわかるまでに2年もかかったんですか？」と食ってかかったという。しかしその後は無言で、30分後に事務所を後にした。残された公演はドラムを叩いてほしいという要請は承諾したものの、その後、ピートがビートルズとともに人前に出ることは二度となかった。

本来ならこれはジョンの役割でもよかったはずだが、その点についてジョンは、「もし面と向かって言い渡していたら、おそらくケンカになっていただろうな」と述べている。ピート自身も、「仲の良かったジョンに裏切られたのがショックだった」と、13年4月の来日時に取材した際に振り返っていた。解雇を言い渡されたピートは、以後ビートルズの誰にも会っていないという。

ここまで、技量も含めてドラマーの不在に泣かされてきたが、8月18日のキャヴァーン・クラブでのステージからリンゴがビートルズの正式メンバーとなった。22日にはキャヴァーン・クラブで「Some Other Guy」と「Kansas City/Hey-Hey-Hey-Hey!」を演奏する映像をグラナダ・テレビが『ノウ・ザ・ノース』用に収録した。リンゴ加入後間もないそのステージは『ANTHOLOGY』の映像集などで観ることができるが、「ピートを出せ!」というファンの野次が最後に入っている。翌23日、マウント・プレザント登記所でジョンはシンシアと結婚した。その前日にジョンはミミに「シンに赤ん坊ができたので、明日結婚するよ。来てくれるかい」と知らせに行くと、ミミは一声唸っただけだったという。結婚式の模様についてジョンはこんなふうに言っている。
「外の工事をしていたドリルの音で、牧師が何を言っているのか一言も聴き取れなかった。ズボンのチャックを開けたまま歩いたりするような気分だったよ」

運の良さと相性の良さ――。クォリー・メン結成からビートルズのレコード・デビューまでの6年間の道のりを振り返ってみると、そんな言葉が思い浮かぶ。メンバーの入れ替えこそ激しかったが、ジョン、ポール。ジョージにリンゴが加わり、不動の4人組ビートルズが誕生した。
そして9月4日、EMIでの初のオフィシャル・レコーディングが実現し、ミッチ・マレー作「How Do You Do It」と「Love Me Do」の2曲を収録した。オリジナル曲に魅力を感じていなかったマーティンは、7月の段階ですでに「How Do You Do It」を彼らのデビュー曲として選んでいた。だが、ジョンは、オリジナル曲で勝負したいとマーティンに直訴した。彼らと契約したアードモア&ビーチウッドも、当然、オリジナル曲をレコード化してもらったほうがいいと思っていた。その後マーティンはその曲をジェリー&ザ・ペースメイカーズに歌わせ、イギリス1位のヒットとなった。マーティンにも先見の明があったということだ。

しかし、ドラマーに関しては、リンゴに対してもマーティンは技量に不安を覚え、11日のレコーディングではセッション・ドラマーのアンディ・ホワイトが起用され、「P.S. I Love You」「Love Me Do」「Please Please Me」の3曲が収録された。

10月5日に「Love Me Do」でレコード・デビューを果たしたビートルズは、11月から12月にかけて2回のハンブルク遠征を含むライヴ活動中心の日々を送り、オフはその間1日という過酷なスケジュールをこなしていく。その間の11月26日にレコーディングされたセカンド・シングル「Please Please Me」が翌年2月に全英1位となり、63年以降のビートルズの快進撃がいよいよ始まるのだ。

Chapter 2
1963-1965

アイドル時代のジョン・レノン

エルヴィス・プレスリーを超えるビッグ・アーティストに――。それがビートルズ、とりわけジョンにとっての最大の目標だった。頂点を目指して、さらに歩みを進めるビートルズ。デビュー・シングル「Love Me Do」は、イギリスのメロディ・メイカーで21位まで上昇する中ヒットを記録し、まずまずのスタートを切った。とはいえ、シングルを1枚出しただけの新人バンドである。63年の年明け早々の2日からスコットランド・ツアーを開始した（2日は天候不順で中止）時には、まだ〝ちっぽけな4人組〟に過ぎなかった。

初のイギリス国内ツアーも決まったが、いわゆるヘッドライナー（主役）は16歳のポップ・アイドル、ヘレン・シャピロで、ビートルズは最下位の6番手という位置付けだった。
「ジョンはいつも私の世話を焼いてくれました。人当たりが良くて温かみがあり、面倒見のいい人でした。ビートルズの中ではジョンが断然紳士だったんです。ジョンはグループの中で〝こわもて〟と見られていましたが、ソフトなタイプでした。ホテルのロビーやステージの袖ではファンのことを気にしていました。他の3人以上にファンを大切にしていたと思います」

2月から3月にかけて行なわれたツアーでジョンに会った印象を、ヘレンはこう語っている。またヘレンによると、ビートルズが出演したテレビ番組をシェフィールドのホテルで一緒に観ていた時、ジョンは自分のガニ股姿の演奏ぶりを目にしてショックを受けていたという。「ジョン＝ガニ股」は、ステージでのジョンのいわばトレードマークとしてファンやトリビュート・バンドに受け入れられているが、ジョン自身は、そうではなかったようだ。

しかもその初の国内ツアーは車での移動だったため、助手席に座れない残りの3人のメンバーはアンプや楽器とともに後部席に交互に折り重なって横たわり、ウイスキーなどを飲みながら寒さを凌《しの》いだという。

風向きが変わるのは、ツアー直後のことだ。2枚目のシングル「Please Please Me」がメロディ・メイカーとＮＭＥで全英1位を獲得し、観客の目当てがビートルズ中心になったのだ。

そのツアー中には、もうひとつ大きな出来事があった。デビュー・アルバムのレコーディングである。プロデューサーのジョージ・マーティンは、『PLEASE PLEASE ME』の制作に際し、「キャヴァーン・クラブなどでの野性味溢れる雰囲気をそのままアルバムに詰め込む」というコンセプトを打ち出した。

「彼らのレパートリーはだいたいわかっていたから、そのすべてを1日でレコーディングすることにした」

2月11日に行なわれたセッションでは、その流れに沿って、手拍子やハーモニカなどのオーヴァーダビングは最小限にとどめ、ギター、ベース、ドラムスというシンプルなバンド編成ながら、ジョン、ポール、ジョージのヴォーカル、ハーモニー、コーラスを前面に出した、疾走感溢れるライヴ・サウンドを〝真空パック〟した。収録されたのは全10曲。セッションは約10時間で終了した。最後にレコーディングされた「Twist And Shout」では、当日ひどい風邪をひいていたジョンは喉をつぶす一歩手前で、上半身裸で歌ったという逸話が残っている。

これはアイドル時代に限らないことだが、ジョンの最大の魅力は声、である。「Twist And Shout」でのパワフルなダミ声は唯一無二だ。ガニ股でがなるジョンの勇姿に魅了されたファンは、世界中にどれほどいたことか。ジョンのシャウトは、ビートルズの初期のロックンロール・バンドとしてのイメージにも欠かせないものだった。

もうひとつ、「Twist And Shout」のような他人の曲も、オリジナルを凌ぐばかりか、まるでオリジナルのように聴かせてしまう強烈な個性。それがビートルズの大きな魅力だった。いきなりヴォーカルで始まる曲の展開や、かなり奇妙に聞こえたであろう〝yeah yeah〟コーラスなど、とにかくすべてが新しかった。メンバー自身が曲を書き、リード・ヴォーカルをとるというのも、当時は画期的だった。そうした音楽性を含め、ビートルズの登場が当時ポピュラー音楽ファンに与えた衝撃は、あまりに大きかった。しかも、クリフ・リチャードやフランク・アイフィールドなどのソロ・シンガー全盛時に「モップ頭」といわれたあの〝長髪〟で登場したのだから。その結果、デビュー・アルバム『PLEASE PLEASE ME』は、イギリスで30週連続1位という驚異的な大ヒットとなった。

ジョンは、自意識の強さとは裏腹に――なのかもしれないが、自分を客観視することが頻繁にあった。人気が出始めたビートルズに対しても、こんなふうに答えている。

「『このまま10年は安泰さ』なんて大口を叩くこともできる。でも、そんなことを言った時に思い直すんだ。いや、『あと3ヵ月持てばラッキーかも』って」

また、デビュー・アルバムのジャケット撮影時に、「どのくらいグループを続けるつもりか？」とカメラマンのアンガス・マクビーンに訊かれた際には、こう返した。

「6年くらいかな。ハゲのビートルズなんてサマにならないだろ？」

この時期、ジョンにとって重大な出来事がいくつか起きた。4月8日、リヴァプールのセフトン総合病院でジョンとシンシアとの間に長男ジョン・チャールズ・ジュリアン・レノンが生まれたのがそのひとつだ。名前は、父（ジョン）、シンシアの父（チャールズ）、ジョンの母（ジュリア）にちなんで付けられた。ジョンはジュリアンの誕生に狂喜したという。だが、ビートルズの活動でほとんど家にいられなかったことや、人気グループのメンバーが結婚していて、しかも子どもがいることが人気の妨げになるのではないかとエプスタインが恐れ、しばらくひた隠しにしていたことなどもあり、ジュリアンに十分な愛情を注げなかったと、のちにジョンは振り返っている。

もうひとつは、ジョンがエプスタインと2人で4月28日から2週間ほどスペインに休暇旅行に出かけたことだ。ジョンとエプスタインは愛しあっているのではないかという噂にまで発展したが、それについてジョンは、「全然そんなものではなかったよ。でも僕らが親密だったことはたしかだ。それに同性愛の知人をもったことも初めての体験だった。彼が自分から告白したんだ」と述べている。

ジュリアンが生まれて間もない時にシンシアを置いて、ジョンが男2人で休暇に出かけたためにこうした噂が生まれたわけだが、シンシアは「そのことについては別に何も思いませんでした。ジョンは、コンサート・ツアーやらアルバム作りやら働きどおしだったと言っていました。彼は休養を必要としていたんです」と語っている。

しかし、この噂が思わぬ事態を招くことになる。6月18日にポールの21歳の誕生パーティーがポールの叔母ジン（・ハリス）の家で行なわれた時、キャヴァーン・クラブのDJボブ・ウーラーが、ジョンをゲイだと中傷したのだ。エプスタインと初めて会った時にジョンはボブ・ウーラーを連れて行き、彼のことを父親だと紹介したほどの仲だったが、侮辱を受けたジョンは「肋骨がめり込むほど」殴り、あとで暴行を理由に訴えられた。80

ロンドンのマジェスティック・ボールルームにて。右からジョン・レノン、ジョージ・ハリスン、リンゴ・スター、ポール・マッカートニー（1963年4月24日）
©Peter Bussey/Redferns/Getty Images

年のインタビューでジョンはその時のことを振り返ってこう語った。

「たぶん僕のほうにも自分がゲイじゃないかって恐れる気持ちがあったから殴ったりしたんだろうけど、そのへんは複雑だね」

皮肉にも、この一件が、ビートルズにとってイギリス国内での最初のスキャンダラスな記事となった。さらにジョンは、そのパーティーでエプスタインのNEMSとマネージメント契約を結んでいたビリー・J・クレイマーのことを「お前には何もないんだ。俺たちはトップなんだ」と侮辱し、近くにいた女性も殴ったという。ジョンはかなり飲み過ぎていたらしい。エプスタインとの旅行中に作った「Bad To Me」をビリー・J・クレイマーに贈ったのは、彼へのお詫びの印でもあったのかもしれない。この事件は、70年代半ばのヨーコとの別居期間での悪行を思い起こさせる〝酒を飲んでハメを外すジョン〟の始まりだった、ともいえる。

「Please Please Me」に続くシングル「From Me To You」と「She Loves You」も、ともに全英1位を獲得。その間、5月18日から6月9日にかけてまずトミー・ロウとクリス・モンテス、続いてロイ・オービソンとの合同ツアーを行なう一方、スコットランドやスウェーデンでもコンサートを行ない、ビートルズは人気の幅をさらに広げていった。

10月13日、イギリスでもっとも有名なテレビ番組『サンデイ・ナイト・アット・ザ・ロンドン・パラディアム』にメイン・ゲストとして出演する頃になると、彼らを一目見ようと多くのファンが会場を取り囲み、大騒ぎとなった。そんな熱狂的なファンを称して〝ビートルマニア〟なる言葉も生まれた。さらに11月4日の王室主催のコンサート『ロイヤル・ヴァラエティ・パフォーマンス』では、ジョンの有名な一言――「安い席の方は拍手を、残りの方は宝石をジャラジャラ鳴らしてください」まで飛び出した。

王室主催のショーについてジョンは語る。

「あのショーはタチの悪いものだった。みんな神経過敏になっていて、不必要な緊張を強いられ、誰ひとり満足な演奏をしないんだ。僕も神経がピリピリしていたんだけど、少しでも反抗的なことを言いたかった。でも、あの程度のことを言うのが精いっぱいだったね」

ジョンがショーで言おうとしていることを楽屋で聞いたエプスタインは、ジョンが「胸クソ悪い宝石を……」と言わないように説得したという。また、「64年以降も王室主催のコンサートへの出演依頼があったが、すべて断った」と、ジョンはのちに明かしている。権威（的なもの）に対して反応せずにはいられないジョンの性格は、生涯通じて変わらなかった。

11月22日に発売されたセカンド・アルバム『WITH THE BEATLES』は予約だけで30万

枚（25万枚とも）を記録し、プレスリーの映画『BLUE HAWAII』（61年）のサウンドトラック盤の売上記録を更新した。チャートでも、それまで1位を続けていた前作『PLEASE PLEASE ME』に代わり12月から翌64年4月まで21週連続1位を記録し、ビートルズは最初の2枚のアルバムを合わせて51週連続1位と、ほぼ1年間アルバム・チャートのトップを独占したのだ。勢いは止まらない。5枚目のシングルとして11月29日に発売された「I Want To Hold Your Hand（抱きしめたい）」は予約だけで100万枚という驚異的な記録を打ち立てた。こうしてビートルズは、63年に発表したアルバムとシングルのすべてをチャート1位に送り込むという快挙を成し遂げたのだった。

「I Want To Hold Your Hand」の大ヒットでイギリス中で広く人気を得たビートルズに対し、ようやく「商売になる」と判断したアメリカのキャピトルは、レコード発売権の独占契約を交わす。12月初めに『ニューヨーク・タイムズ』や『CBSイヴニング・ニュース』などがビートルズの特集記事と特集番組を組み、キャピトルも宣伝に5万ドルを費やした。宣伝効果による反響も大きかったため、キャピトルからの第1弾シングル「I Want To Hold Your Hand」は、当初の64年1月13日から63年12月26日に発売が早められた。

大手キャピトルが「I Want To Hold Your Hand」の発売を決めた背景には、エプスタインの多大な尽力があった。ビートルズの人気が不動のものとなったことを確信したエプスタインは、10月29日、アメリカの映画会社ユナイテッド・アーティスツとの間にビートルズの初主演映画の出演契約を結ぶ。さらにキャピトルによる「I Want To Hold Your Hand」の強力な宣伝活動の確約を取り付けるために11月6日に渡米。〝アメリカで最も有名なテレビ番組〟といわれた『エド・サリヴァン・ショー』の司会者エド・サリヴァンと会い、64年2月に放送される同番組への出演を決めたのだ。

「我々はまだアメリカのマーケットに適したレコードを作っていなかったが、アメリカの音楽を数多く聴き、〈I Want To Hold Your Hand〉こそヒットする曲だと感じた。リリースするのに絶好のタイミングだったんだ」（ブライアン・エプスタイン）

その結果、発売3日後に25万枚、1週間余りで100万枚を売り上げ、64年1月18日付で45位にランク・イン。翌週には一気に3位まで上昇し、3週目（2月1日付）に全米初の1位を獲得した。

1月のフランス公演に続いて2月7日、上昇気流に乗った「ファブ・フォー」（イカした4人組）は、ニューヨークのジョン・F・ケネディ空港に降り立った。出迎えたファンは3000人。宿泊先のプラザ・ホテル前では"We Want The Beatles!"の大合唱も起こった。

到着直後に空港で行なわれた記者会見は、彼らならではのユーモアに溢れ、ウィットに富んだものとなった。ジョンの発言を拾ってみる――。

「ほとんどはポールと僕とで曲を書いている。ジョージも何曲かね。リンゴはまだだけど、ドラムで曲を作るのは大変だろ」

「ビートルズの人気の秘訣がわかっていれば、自分でグループを作ってマネージャーになるよ」

また、「反戦歌をレコーディングする予定はあるか？」と訊かれたジョンは、「ビートルズの曲はすべて反戦歌だ」と答えたが、一種のユーモアとしてしか受け取られなかった。特にベトナム戦争に関する発言はエプスタインに口止めされていた。しかし、「アメリカへ行ったことが僕の政治意識に拍車をかけ」、ジョンは次第に反戦への意志を公の場で述べるようになっていった。

そして2月9日、『エド・サリヴァン・ショー』に生出演したが、この時も、ビートルズの歴史に名を残す出来事があった。スタジオの観客数728人に対しチケットの申し込みは6万通を超え、この〝歴史的瞬間〟をアメリカ全土の2324万世帯、7300万人が観たという。しかも72％という全米史上最高の視聴率を記録し、ビートルズが出演している間のニューヨークの犯罪発生件数は、過去50年間で最低だったという。番組内でプレスリーからの祝電が披露されるなど、ビートルズはアメリカ上陸3日目にして全米中を興

初のアメリカ公演が行なわれたワシントン・コロシアムでの勇姿
（1964年2月11日）
©Mike Mitchell/Paul Popper/Popperfoto/Getty Images

奮の渦に巻き込んだ。

「ブロードウェイは人で溢れかえっていた。ショービジネスの世界であんなことが起こったのは初めてだ」（エド・サリヴァン）

全米初のコンサートは、2月11日、ワシントン・コロシアムで行なわれた。開催地のワシントンDC行きは吹雪で飛行機が全便欠航になったため特別寝台車で向かったが、4人を駅で待ち構えていたのは、たくさんのファンとカメラマンだった。会場には8092人のファンが駆けつけたが、好きだとうっかりジョージが言ったため、会場の中央に設置されたステージめがけてファンはジェリービーンズを投げつけたのだった。

熱狂的なファンを前にしてのワシントン・コロシアムでのコンサートを終えた4人は、翌12日には再びニューヨークに戻り、〝音楽の殿堂〟カーネギー・ホールのステージに立つという栄誉を得た。

「チケットが一日で売り切れるなんて、コンサート史上初めてのことだった。2870席しかないカーネギー・ホールの外には彼らを一目見ようと、2万人ものファンが集まっていた。あれはニューヨークの、いや世界の歴史に残る出来事だったね」（同公演のプロモーター、シド・バーンスタイン）

さらに4月4日付の全米チャートでは1位から5位を独占、100位以内に14曲を送り込むという離れ業も演じている。

ビートルズの成功について、ジョンは64年にもこんな発言を残している。

「僕らは4人いたから目標は果たせると思った。一人だったら成功しなかったよ。ポールには力強さが足りないし、僕は女の子を惹きつける魅力に欠けている。ジョージはおとなしすぎるし、リンゴはドラマーだった。ファンは僕らの誰か一人を好いてくれると思っていたんだ。そしてご覧の結果となった。でも、箸にも棒にもかからないバカげた4人組、成功するためにはくだらない4人組にならなければいけないんだ」

「自分が少し傲慢になってきたかなと思ったらリンゴを見ることにしているんだ。僕らがスーパーマンじゃないことを思い知るためにね」


続いて、初の主演映画の制作が行なわれた。まだアルバムを2枚しか発表していないイギリスの「新人」バンドなのに、ほぼデビュー1年後に主演映画も制作されるのだから、ビートルズは当時すでにイギリスでは最も人気のあるグループになっていた、ということだろう。とはいえ、今では信じられないけれど、ブームは一過性のものと見られていた。

これはビートルズに限ったことではなく、売れるアイドルが出てきたら、商品として稼げるだけ稼ごうとプロの商売人が群がってくる。アメリカの「エンターテインメント業界」から見れば、いつ消えていなくなるかわからない存在でもある。予算56万ドル足らずのモノクロ映画というのは、妥当な判断だったにちがいない。

思うに、ビートルズはいつも運を味方につけていた。この時も低予算のモノクロ映像で、人前で演技するのももちろん初めて。そうした安手の「素人くさい」作品として仕上がったのが、結果的に大きな効果を生んだ。日常そのままの4人のありのままの1日が生き生きと描かれた作品となったからだ。

50年代半ばにイギリスに移住したアメリカ人のリチャード・レスターがアメリカ人のプロデューサー、ウォルター・シェンソンの依頼で監督を務め、脚本はリヴァプール出身のアラン・オーウェンが手掛けた。監督のリチャード・レスターが、彼らの魅力を肌で理解していたのも良かった。レスターはこんなふうに言っている。

「映画はその時代を映す鏡なんだ。僕の前には、映すのにもってこいの素晴らしいイメージがあった。彼らのエネルギーと独創性だ」

こうして映画制作は、64年3月2日から4月24日にかけて、彼らの同名のサード・アルバムのレコーディングと並行して行なわれた。撮影の合間に急遽必要になった映画のタイトル曲は、リンゴのつぶやきをヒントにジョンが書き上げ、4月16日にレコーディングされた。

ロンドンのスカラ・シアターで、映画『A HARD DAY'S NIGHT』のライヴ・シーンを収録
（1964年3月31日）
©Daily Mirror/Mirrorpix/Mirrorpix/Getty Images

映画『A HARD DAY'S NIGHT』は、7月6日にロンドン・パヴィリオンで初公開された。ロンドンで行なわれるテレビ・ショーに出演するビートルズの2日間をドキュメンタリー・タッチで追ったこの瑞々しいモノクロ映像作品は、日本でも同年8月1日に公開された。当時の邦題は、もちろん『ビートルズがやって来るヤァ！ヤァ！ヤァ！』である。

イギリスならではの風刺・諧謔・ユーモアをまぶした内容は、セリフや性格を含めてビートルズの4人を等身大に伝えているかのように、観る者には伝わった。スクリーンに飛び込もうとするファンが続出したという話は日本でもニュースとして報道されたが、それは、インターネットで気軽に動画を楽しめるような時代ではなく、情報すら伝わるのが遅い64年当時、「動く生身の4人」を観られた衝撃がどれほど大きかったかを物語るものでもあった。

撮影の合間には父フレッドがスタジオを訪れ、ジョンと17年ぶりに対面するという出来事があったとも伝えられている。ジョンが有名になってから名乗りをあげた父をジョンは非難したそうだが、心境はかなり複雑だったろう。ジョンはその思いを『A HARD DAY'S NIGHT』に収録された「I'LL Be Back」に歌い込んだ。

この時期にはもうひとつ話題があった。ジョンが「マージー・ビート」に寄稿したものや、ツアーの合間にホテルや車中で書いたものが1冊の本にまとめられ、映画制作中の3

月23日に発売された。『IN HIS OWN WRITE（絵本・ジョン・レノンセンス）』という最初の著作は、ジョンがハイスクール時代に書いた『デイリー・ハウル』と同じく奇妙なイラストとナンセンスな文章に満ち溢れたもので、発売後すぐにベストセラーとなった。「頭に浮かんだことを紙に書き留めてポケットに押し込んで、それがいっぱいになると本ができる」というジョンの言葉どおりの代物だった。この本は文壇で高い評価を受け、ジョンはインテリのビートルズとみなされるようになった。

何をしでかすかわからないのもジョンの大きな魅力で、だからこそジョンの一挙手一投足にマスコミとファンの注目や期待が集まるわけだ。だが、4月23日にフォイルズ文学昼食会に招かれ、著作に関してコメントを求められた際には「みなさん、どうもありがとう。神のご加護を」としか喋らず、集まった人々をがっかりさせたという。型にハマった権威的な会合を嫌うジョンの性格が垣間見える出来事だったと思う。

ビートルズはさらに世界に目を向け、6月4日から29日まで、デンマーク・オランダ・香港・オーストラリア・ニュージーランドの5ヵ国を回る本格的な世界ツアーを敢行する。さらに、その勢いを持続したまま、8月19日から9月20日までの計33日間、2回目のアメリカ・ツアーが、カナダを含む24都市で計31回行なわれることになった。

8月28日にニューヨークで開かれた記者会見で「世界を手玉にとってる気分はどう?」と訊かれたジョンは、そうした状況を見透かしたかのように、一言こう返した。

「手玉に取られる気分はどうだい?」

その間、ニューヨークのホテル滞在中のビートルズをボブ・ディランが訪問するというロックの歴史に残る出来事もあった。両者が出会ったという以上に重要なのは、このあと触れるように、この時にディランからマリファナを教わった(特に)ジョンの〝その後の音楽性〟への影響である。

デビュー後わずか1年。64年に、まさに〝A Hard Day's Night〟を地で行くような1年間を体験した〝England's Phenomenal Pop Combo〟(イギリスで社会現象にまでなったポップ・コンボ)は、アメリカで最初の頂点を迎えたのだった。


65年に入ると、ジョンはシンシアとジョージ・マーティンとともにアルプスに休暇旅行に出かけ、スキーなどを楽しんだあと、2月には運転免許を取得し、しばらくは自由な日々を送った。だが、「気づいてみたら狂気に取り囲まれていて、我慢ができない人たちと一緒に、やりたくないと思っていたことをやっていた」。

人気が出れば出るほど周りの期待も膨らみ、自由を脅かされることが多くなった。パーティーなどでお偉方の娘たちからサインをせがまれるのもそのひとつだった。ジョンはうんざりした口調で「きっとイギリス中の胸クソ悪い警官の娘たちは、ビートルズのサインをひとつは持っているにちがいないよ。半分は僕たちのファンじゃないね。ほんとうに欲しがっている子供たちには不公平だよ」と言っている。また、「成功するために自分たちを殺してしまったんだ」とか「噂やゴシップなんてものはこの世からなくなってしまえばいいんだ」とジョンが言っているのも、アイドル時代のビートルズの過酷な状況を物語るものだった。

このままアイドルとして、1年の大半を過ごしていかなければならないのだろうか――。50年代にロックンロールの洗礼を受け、〝自由であること〟を第一にミュージシャンになることを決意したジョンが、〝成功するには自分を殺さなくてはならず、〝自由〟は規制の枠内での自由に過ぎなかったことに嫌気がさし始めたのだ。公私ともども充実した1年を経験した他の3人のメンバーはまだ良かったが、すでに結婚3年目を迎え、妻子もいたジョンは違った。ジョンがアイドルでいることの重荷を痛感した背景には、64年8月28日に出会った同世代のボブ・ディランが、ギター1本で世界へ向けてメッセージ・ソングやプロテスト・ソングを発信することへの憧れや嫉妬心もあっただろう。マネージャーから政治的な発言を封印されていたことへの欲求不満もあったにちがいない。

2作目の主演映画を制作中にジョンが作った「Help!」は、そうしたジョンの悩みを表明した曲だった。ジョンは言う――。

「僕は本当に助けてくれと叫んでいたんだ。エルヴィスと同じようにいろんな意味で肥満していた時期で、完全に自分のことを見失っていたんだよ」

「Help!」が、ノリの良い軽快なロックに絶妙のコーラスが加わった中期の傑作シングルであるのは、改めて言うまでもない。しかもビートルズの前期はジョン主体の曲がシングルのA面に収まることが多く、アルバムの1曲目もほとんどがジョンが中心となって書いた曲である。そう思うと、この「Help!」までが、ジョンがある意味〝輝いていた時代〟だったと言えなくもない。だが、これがジョン自身の「心の叫び」だったとは、当時誰が想像し得ただろうか。

64年8月に録音された「I'm A Loser」（64年12月発売の『BEATLES FOR SALE』に収録）について ジョンは、「自己表現した初めての曲。気づかせてくれたのはディランだったと思う」と語っていたが、アイドル全盛期に「俺は負け犬」などという曲は普通は書かないだろう。しかもその曲でジョンは「見た目とは違う」「おどけて振る舞うけど、仮面の下はしかめっ面」などと歌っているのだ。サングラスをかけ、ハーモニカ・ホルダーを首から下げて「I'm A Loser」を演奏するジョンは、ディランそのものだった。

アメリカABCの音楽テレビ番組『シンディグ』
に出演し、「I'm A Loser」を披露
（1964年10月3日）
©Michael Ochs Archives/Getty Images

「〈Help!〉はマリファナで作った」（ジョン）という言葉を持ち出すまでもなく、4人はディランと出会ってからドラッグを多用するようにもなった。「Help!」が完成する前の65年2月には、ジョン版「The Times They Are A-Changin'（時代は変る）」ともいうべき「You've Got To Hide Your Love Away（悲しみはぶっとばせ）」も映画『HELP!（4人はアイドル）』の挿入歌としてレコーディングされている。ジョンの〝太ったエルヴィス時代〟は、〝憧れのディラン時代〟でもあったのだ。

「Help!」のあとにレコーディングされたのが「Dizzy Miss Lizzy」と「Bad Boy」というのも、実に象徴的だ。ジョンは、過去のロックンロール2曲を録音することによって、ハンブルク時代の自分を取り戻そうとしたのではないか——と思うと、これはまるでジョンによる〝ゲット・バック・セッション〟のようなものではないかと。ジョンはこのあと『RUBBER SOUL』に収録される「Nowhere Man（ひとりぼっちのあいつ）」を書くことになるわけだが、「ここにいながら、どこにもいないあいつ」は、言うなれば、当時のジョンそのものだった。

アイドル・グループとしてのビートルズの存在にジョンが悩みを深めていたとはいえ、ビートルズの周辺に話題は尽きなかった。6月12日にビートルズにMBE勲章が贈られることが決まったのがそのひとつだ（授与式は10月26日）。しかし、その知らせを聞いたジョンは「戦車を操縦して戦争に勝たなくちゃもらえないものだと思っていたよ」と皮肉を込めて語り、「勲章を受け取ることは、僕にとって身売りにほかならなかった。偽善的行為であるように思えたね」と、その価値をまったく認めなかった。ビートルズの受勲に抗議して勲章を送り返した元軍人たちに対しては、「彼らは人を殺して勲章をもらったんだろ。僕たちは人を楽しませて勲章をもらうんだから、そのほうがましだよ」という名言も残している。

ほかにも、ヨーロッパ・ツアー中の6月24日に2冊目の著作集『A SPANIARD IN THE WORKS（らりるれレノン）』が発売されたり、8月3日にミミのためにドーセット州のプールのあるバンガローを購入したりという動きもあった。

ポールが音楽的才能をさらに開花させ、ある意味ジョンの存在を脅かすようになるのはこの時期からだ。8月に発売されたアルバム『HELP!』に収録された「Ticket To Ride（涙の乗車券）」と「Another Girl」ではジョージに代わってリード・ギターを弾くなど、ポールの活躍が目立つようになった。

「ポールは斬新なギター・プレイヤーの一人だよ」と、ジョンはその腕前を高く評価したが、その半面、「ポールっていうのは、あらゆることで病的と言えるほど自負心の強い男なんだけど、自分のギターの演奏についてだけはいつも引っ込み思案なんだ」と述べている。クォリー・メンに参加してギターをトチった時のトラウマがポールにはあったのだろうか。

『HELP!』にはもう1曲、ビートルズの、というよりもポールの最高傑作のひとつに挙げられる「Yesterday」も収録された。

ビートルズ解散後、ジョンはいみじくもこう言ったものだ──「〈Yesterday〉では僕も散々もうけさせてもらったな」と。それもこれも、ジョンとポールが単独で書いた曲もすべて共作扱い、すなわち「レノン＝マッカートニー」というクレジットになっているからだ。ゆえに、ジョンが死んだ時にテレビで「Yesterday」を流す放送局もあったし、ビートルズの曲は「作詞＝ジョン／作曲＝ポール」というふうに思っている人たちも数多くいた。いや、いまでもそう思っている人がいるだろう。

ところで、「Yesterday」にはこんなエピソードがある。『ANTHOLOGY』シリーズにも収録されているが、65年8月1日にＡＢＣシアターで行なわれた『ブラックプール・ナイト・アウト』出演の際に、この曲をポールがソロで初披露した時のこと。まずジョージが「リヴァプールから来たポール・マッカートニーが歌います。オポチュニティ・ノックス！」と、イギリス版『スター誕生！』と言ってもいい『オポチュニティ・ノックス』というオーディション番組を引き合いに出してポールを紹介する。「サンキュー、ジョージ」とポールも返す。ここまではまだ普通のやりとりに見える。しかし演奏後にジョンは花束を渡してからこう言うのだ。

「サンキュー、リンゴ！　素晴らしかったよ！」

しかもポールがその花束を受け取ると、茎だけしかポールの手元にはない。リハーサルではちゃんと手渡しているのに、だ。

「And I Love Her」（64年）を気に入っていたジョンは、その曲の改良版とも思える「Yesterday」をポールがソロで歌い、しかもそれが全米1位を獲得した事実を茶化して受け止めてみせたのだろう。こういう悪ふざけはジョンのジョンたるゆえんとも思えるし、ポールはポールでジョン（とジョージ）のひどい仕打ちと見たのかもしれない。

65年8月15日。3回目のアメリカ公演の初日となったシェイ・スタジアムには5万5600人が集まり、当時の動員記録を達成した。まさに空前絶後。ビートルズがライヴ・バンドとしての頂点を極めたのは、シェイ・スタジアム・コンサートだったのは誰もが認めるところだろう。だが、ジョンに言わせると、こうなる。

「誰も演奏なんか聴いていないんだよ。まるで暴動だった。ショウじゃない。ステージから降りると、まるで戦闘地帯をくぐり抜けたような状態になっていることが多いんだ。まさに戦争だと思うよ。いつも何かをぶつけられながら歌い続けたり、微笑み続けたりするなんて無理な話だ」

ジョンの苦悩は深まるばかりだった。〝エルヴィスより偉大になり、アメリカを制覇した〟後にジョンを待ち受けていたのは、虚脱感と作業のマンネリ化だった。収容人員のなるべく多い会場を選び、入場料は安くする。そうすれば、一度のコンサートで多くのファンを集めることができるし、公演回数を減らすこともできる。ファンの暴動を食い止めるためにも、ビートルズとファンとの距離を離す必要もあった。

シェイ・スタジアムでの動員記録は、いわば苦肉の策でもあったわけだ。地元ニューヨークの評論家は、まるでジョンの思いを代弁するかのように、こう語った――。

「コンサートは30分で終わり、ビートルズは16万ドル持って車で走り去っていった。彼らの演奏が聞こえなくても、彼らの姿が見えなくてもどうってことはないんだ。あのすさまじい出来事が、ビートルズのコンサートによって成し遂げられたということがわかっていれば、それで十分だ」

10月から11月にかけて制作されたアルバム『RUBBER SOUL』は、中期の傑作として名高い一枚だ。「靴底」を意味するアルバム名を「まがいもののソウル音楽」に変換させた言語感覚と、アイドルからアーティストへの変化の過程が、ジャケットの歪みに象徴的に表われている。『RUBBER SOUL』は、いわば『BEATLES FOR SALE』の内省的な曲に『HELP!』のバンド・アンサンブルを掛け合わせ、さらにスタジオでの実験的なサウンド・マジックをまぶしたアルバムであり、デビュー時からのエンジニア、ノーマン・スミスの最後の仕事という意味も含めて前期を締める意欲作となった。

ビートルズのオリジナル・アルバム12枚の中で、有無を言わせぬ名曲も、最も多い。ジョンの「Norwegian Wood（This Bird Has Flown）（ノルウェーの森）」「Nowhere Man」「Girl」「The Word（愛のことば）」、ジョンが詞を書きポールがメロディを書いた（とあえて書いてしまうが）「In My Life」——と挙げてみれば明らかなように、内容は、ほとんどベスト盤である。しかも、「Day Tripper」と「We Can Work It Out（恋を抱きしめよう）」も同時にシングルとして発表されているのだ。特に「Girl」のジョンのヴォーカルがすごすぎる。「Twist And Shout」が目の前で歌うジョンだとすると、「Girl」は耳元で囁くジョンだ。

ビートルズ時代のジョンを知るのに最適なアルバムは『HARD DAY'S NIGHT』（64年）、『RUBBER SOUL』（65年）、『THE BEATLES（通称：ホワイト・アルバム）』（68年）の3枚——というのが個人的見解である。

Chapter 3
1966-1969

オノ・ヨーコとの出会い

66年は、ジョンにとってまさに激動の1年となった。

ビートルズは、65年の『RUBBER SOUL』のセッションでレコーディングの醍醐味を知るや、活動の軸をステージからスタジオへと徐々に移すようになる。ファン・サービスがアイドルとしての宿命であるとするならば、66年以降の4人は、「自分たち」のための次なるステージへと次第に、しかも加速的に歩みを進めていった、と言ってもいいだろう。ライヴ活動がすでに野球の消化試合のようなものになっていたことは、ジョンのこんな発言からも窺える。

「僕らは蠟人形同然だった。ファンは演奏を聴かず、突進するのに夢中だった。コンサートは、演奏とは何も関係ない儀式みたいなものでしかない」

そして3月までの3ヵ月間、4人は長期休暇に入った。当初は66年の初めから3作目の主演映画『A TALENT FOR LOVING』の撮影が始まるはずだったが、制作が中止となった。脚本の不出来がその一因だったと言われているが、「蠟人形同然」の演技も勘弁、という心境だったのだろう。4人が音楽活動からこれだけ長い期間離れたのは、デビュー前の60年、まだクォリー・メンやジョニー・アンド・ザ・ムーンドッグスを名乗っていたとき以来のことだった。その結果、それまでは実質1、2週間で完成させていたアルバム制作が、一気に5週間に膨れ上がった。

その半面、ライヴ・パフォーマーからレコーディング・アーティストへの「転身」と引き換えに、ビートルズは大きな代償を払うことになる。「ライヴこそはすべて」だったマネージャー、ブライアン・エプスタインの影響力の低下と、それに起因する数々のいざこざが続いたのだ。それまで世界中のファンの後押しを受け、順風満帆だった彼らに、徐々に逆風が吹き始めた。まず、思わぬところに〝落とし穴〟があった。

「キリスト教はやがてなくなる。縮小していっていずれ消えてしまうだろう。議論の余地はないね。僕の言うことは正しいし、正しいことが証明されるよ。今や僕たちはキリストより人気がある」

「イヴニング・スタンダード」紙のインタビューを受け、顔なじみのモーリン・クリーヴに対してジョンはそう語った。皮肉屋として知られ、思ったことを率直に言うジョンの性格を知っていたイギリスのメディアは、3月4日に記事が掲載された時はまったく問題にせず、ジョン自身も、これがのちに大きな騒ぎを生み出すもとになるとは知る由もなかった。

そうした転換期にビートルズは日本にやって来た。当時の純真な中高生は、彼らがそんな思いを抱えていたなんて、想像すらできなかっただろう。台風の影響で大幅に到着が遅れ、羽田空港に着いたのは6月29日の午前3時40分（3時44分とも）だった。日本滞在時にも、日本武道館使用についての迷走や右翼の抗議行動があったり、ほとんどホテルに軟禁

（監禁？）状態だったりという状況が続いた。続くフィリピンでも、大統領夫人招待のパーティーをすっぽかしたため、空港で若者の暴行を受けた。ビートルズがライヴ活動をやめる決意を固めた要因のひとつには、この日本とフィリピンでの出来事があった。

7枚目のオリジナル・アルバム『REVOLVER』の制作は、4月6日に始まった。最初にレコーディングされたのは、「初めて書いたサイケデリック・ソング」だとジョンが言う「Tomorrow Never Knows」だった。他にも「I'm Only Sleeping」や「Rain」（シングル「Paperback Writer」のB面収録曲）でのテープの逆回転をはじめ、レコーディング・エンジニアがノーマン・スミスからジェフ・エメリックに代わったことで、ジョンの曲には特に革新的な音作りがなされるようになった。だが、この時期になると、曲作りに関してはポールがジョンを凌駕するようになり、『REVOLVER』を見てみても、「Eleanor Rigby」「Here, There And Everywhere」「Got To Get You Into My Life」など、「ビートルズの名曲」はポールが主体となって書いた（と一般的に思われる）曲が増え始める。シングルのA面はほとんどポールの曲で、B面はジョンの曲になるのも、この時期からだ。

『REVOLVER』は8月5日に発売され、12日から4度目のアメリカ公演が行なわれることになった。だが、それに先立ち、ジョンの先の発言がアメリカで大問題にまで発展したのである。

最後のアメリカ・ツアーの2日目、デトロイトのオリンピア・スタジアムでの“絵になる2人”（1966年8月13日）
©Douglas Elbinger/Getty Images

7月29日、アメリカの「デイトブック」という雑誌がジョンの発言を一面トップで、しかも「ジョンはキリストよりも有名になったと言っている！」という部分的に曲解した見出しで掲載したのだ。すぐさま保守的なアラバマのラジオ局がビートルズの曲を放送禁止にし、その後、全米中にビートルズとジョンへの抗議行動が広まっていった。しかもビートルズのレコード焼き討ち騒動にまで発展し、KKK（クー・クラックス・クラン）によるジョン暗殺の噂も流れたのである（当時SNSがあったらどうなっていたかと思うと、空恐ろしい）。エプスタインはニューヨークへ飛び、ジョンの発言について釈明し、ジョンにも謝罪を求めた。当初は「クソ食らえって言ってやれよ。謝ることなんか何もないよ」と強がっていたジョンも、ほかのメンバーの安全を心配し、エプスタインの申し出に同意した。こうして8月11日に、シカゴで釈明会見が開かれた。

「もしも僕が、テレビはキリストよりも人気があると言ったら、それで済んでいたはずだ。ビートルズを持ち出したのは、そのほうが話しやすいからだ。僕は神に反対でもないし、キリストにも宗教にも反対じゃない。僕らのほうが偉いとか上だとか言ったんじゃないんだ」

ジョンはその場で弁明したが、イギリスでのキリスト教の影響力の低下を、「ビートルズ」を対象化して引き合いに出したジョンの真意は、しかしながら曲解されてしまった。

今回は、ジョンならではのいつものスタンスが裏目に出たということになる。ジョンは発言の真意について、別の場でこう語っている――。

「僕は汚らわしい反宗教的な発言をしたつもりはない。僕にはキリスト教精神は衰退していて、社会との接触を失いつつあるように見えるんだ。キリスト教がみんなの言うとおり優れたものなら、ちょっとくらいの議論でビクつくことはないはずだ」

だが、肝心の謝罪についても、「謝ったほうがみんな喜ぶんなら謝るよ。僕が悪かった」という調子だった。おまけにジョンは、エプスタインが口止めしていたベトナム戦争についても言及し、アメリカのやり方は必要以上に好戦的だとその政策を非難した。

「僕たちは毎日ベトナム戦争について考えている。賛成はできないし間違っていると思う」

「戦争に行けと言われれば、僕らの世代は行くだろう。でも戦いたくはないんだ。僕が行くなと叫んだら、みんなが戦場に行く妨げになるかもしれない」

この日の会見は、ヨーコと出会う前にジョンが反戦の意志をはっきりと表明したという点でも重要なものだった。

ジョンの謝罪でアメリカ公演を何とか切り抜けることができ、8月29日のキャンドルスティック・パークでのコンサートを最後に、ビートルズはライヴ活動に終止符を打った。

映画『EIGHT DAYS A WEEK - THE TOURING YEARS』にはこんな場面が出てくる。演奏終了後、4人は装甲車に乗せられ、走るたびに車内で左右に揺さぶられながら会場を後にするのだ。これが60年代の、いや20世紀のアイドル・グループ、ビートルズの〝最後の姿〟だった。コンサート活動を終えた時にジョージは「これでもうビートルズのメンバーじゃないんだ」と言ったそうだが、言葉を換えるなら、この時点がバンドにとっての最初のソロ活動の始まりでもあった。解散していてもおかしくない状況だったのは疑いもない。この時期に、ビートルズとEMIとの契約が満了になったのも、ひとつの巡り合わせだったといえる。

そして、それぞれ自由な時間ができ、バラバラに解き放たれた4人は〝どっち〟に向かったのか。

まずジョンは、髪を切り、トレードマークとなる丸メガネをかけた。見た目を変えることで、それまでのアイドルとしての己と決別しようとしたのだろう。映画出演のために、という目的もあったが、むしろ意識の上で〝一人のアーティスト〟として生きる決意をしたようにも思える。ジョンが出演した映画は『HOW I WON THE WAR（ジョン・レノンの僕の戦争）』。ビートルズの初の主演映画『A HARD DAY'S NIGHT』と2作目の『HELP!』を手掛けたリチャード・レスターを信頼していたからこそ、彼に声をかけられたジョンは出演を了承したともいえるが、内容はイギリスがいかに戦争に勝ったかを描く反戦映画で、しかもジョンは最後に死んでしまうのだ。それ以降のジョンは、自らの意志で65年までのアイドル時代とは正反対の道へと突き進んでいく。

運命というのか縁というのか、人生はうまくできていると思わされることがある。スペインのアルメリアでの撮影中にジョンは新曲を書き上げる。タイトルは「It's Not Too Bad」。このあと「Strawberry Fierds Foeever」として完成する曲の原型である。そしてもうひとつ。〝アイドル脱皮〟をはかり、単独活動へも意識を向けるようになったジョンは、11月7日、ロンドンのインディカ・ギャラリーで、経営者ジョン・ダンバーの紹介でオノ・ヨーコと出会うのだ。その後のジョンのソロ活動を結果的に後押ししていくことになるヨーコとの出会いは運命であり、2人はまさしく〝運命共同体〟だった。

「画廊の中を見まわしていたら梯子が目に入ったので、梯子で上に登って小型の望遠鏡を覗いたら、"YES"と書いてあった。ピンときたね。あの当時、前衛芸術といえばハンマーでピアノを粉々にしたり、彫刻をぶち壊したり、アンチ、アンチ、アンチの連続だったから。どれもこれも退屈で否定的で、ナンセンスだった。それで僕はリンゴと釘がやたらに置いてある画廊に残ることになってしまった。〝釘をハンマーで打ち込め〟って書いた作品があったので、『打ってもいい？』と訊くとヨーコは『ダメ』と言う。で、画廊のオーナーがやって来て、結局ヨーコが『5シリング出したらやってもいいわ』とね。それで僕は『5シリングあげたつもりで、釘をハンマーで打ち込んだつもりになるよ』って言ったのさ。その時、本当の意味で2人は出会ったんだ。お互いの目を見つめ合ってね」

なんともロマンチックな出会いのように思えるが、作品として展示してあったリンゴをジョンが齧ったため、ジョンに対するヨーコの第一印象は極めて悪かったらしい。

ヨーコがジョンに出会うまでの流れはこうだ。

1933年2月18日、東京・九段に生まれたヨーコは、裕福な家庭に育った。ヨーコ版『ANTHOLOGY』ともいえるドキュメンタリー・ビデオ『THEN AND NOW』（84年）では、彼女がまだ赤ん坊の頃の映像も観ることができるが、そうした映像が残されていること自体、彼女の家庭が裕福だったことを証明している（なにせ1930年代ですからね）。父・英輔は横浜正金銀行のサンフランシスコ支店副頭取を努め、母・磯子は、安田銀行の創設者で、貴族院議員にもなった安田善三郎の娘だった。父母とも芸術への関心が強かったという。

「父親にとっては、3B＝バッハ、ベートーヴェン、ブラームスが音楽のすべてであって、幼くしてピアノのレッスンを始めた時も、この3Bがカリキュラムの主要部分を占めてい

た。また母親も、七つか八つの伝統的和楽器を奏した」（ヨーコ）
父の海外転勤に伴い3歳の時に、父のいるサンフランシスコに母と向かう。しかし37年に日中戦争が始まり、反日感情が高まるのを恐れて帰国。戦後再び日本とアメリカを行き来した。52年に学習院大学哲学科に入学したが翌年退学、再び父のいるニューヨークへ移住し、名門サラ・ローレンス大学へ転入して作曲と詩を学んだ。そして56年、前衛音楽家の一柳慧と結婚したヨーコは、多くの仲間たち――その多くは芸術家や音楽家だった――とニューヨークで60年代の幕開けを迎えた。
「複雑なサウンドは従来の音譜には移し変えられないわ。音譜に書き留めて、誰か他の人が演奏した時点で、全く違ったサウンドになってしまうのよ。（中略）当時、あれだけ多くのミュージシャンがニューヨークに集まったのは皆、ただ音譜を書くことに疑問を感じていたからだと思うわ。新しいやり方を模索していた」（ロバート・パーマー「オン・シン・アイス――ヨーコ・オノの音楽」／CD『ONO BOX』ライナーノーツより）
ヨーコは、前衛芸術家集団フルクサス（禅とジョン・ケージに影響を受けたアーティスト、音楽家、ダンサー、詩人などの集まり）のメンバーとなった。ヨーコと交遊のあった作曲家にはそのジョン・ケージをはじめ、ラモンテ・ヤング、ヘンリー・フリント、リチャード・マックスフィールドらがいた。そしてヨーコはダウンタウンのチェンバー・ストリートの一角にあったロフトを借り、一連のパフォーマンスを行なう。60年12月の第1回目のコンサートにはジョン・ケージやデヴィッド・チューダーらが駆けつけた。

62年にはジョン・ケージの公演に伴って帰国、アメリカの前衛音楽を日本に紹介した（以後64年まで日本に滞在）。63年、映画監督のアンソニー・コックスとの間に長女キョーコ（京子）をもうけたヨーコは、翌64年に最初の詩集『GRAPEFRUIT』を東京で自費出版した（70年にロンドン、71年にニューヨークでも出版）。ジョンは、67年にヨーコから贈られたその詩集の中の「Cloud Piece」という作品を元に「Imagine」を書いた（2017年、全米音楽出版社協会は、ヨーコを共作者として正式に承認した）。

60年代にはジョン・ケージ、ラモンテ・ヤング、高橋悠治ら現代音楽の作曲家や、オーネット・コールマンらフリー・ジャズ系の音楽家たちとの交流も盛んになった。また、観客が参加できる〝ハプニング〟と呼ばれるイヴェントを率先して実践した。65年のカーネギー・ホールでは自ら舞台に上がり、観客に自分の服を鋏で次々と切り取らせていく〝カッティング・ピース〟というイヴェントを行なうなど、奇抜なアイディアで知名度を高めていった。そして、インディカ・ギャラリーで66年11月9日から開催されるヨーコのコンセプチュアル・アート展『未完成の絵画とオブジェ』の内覧会にジョンが顔を出した、というわけだ。

66年秋以降の単独行動後、ジョンだけでなく、他の3人もひげを生やすなど、アイドル然としたイメージからの脱却を図る。4人が再びスタジオに顔を揃えたのは、11月24日のことだった。

「新作の制作に対してプレッシャーを感じるようになり、それを和らげるために別のグループのメンバーになりきろうとした」というポールの思いを元に、スタジオでのアルバム制作は、5ヵ月間、延べ700時間にも及んだ。長年のライヴ活動で世界のファンを魅了し続けてきたアイドル・グループにとって、時間に束縛されずに制作に没頭できる環境は、新しい扉を開くほど刺激的だったにちがいない。

ジョンとポールが子どもの頃を振り返り、故郷リヴァプールに思いを馳せてそれぞれ書いた「Strawberry Fierds Forever」と「Penny Lane」がシングルとして2月17日にまず発売され、続いてアルバム『SGT. PEPPER'S LONELY HEARTS CLUB BAND』（以下『SGT. PEPPER'S』）が6月1日に発売された。アルバムは22週連続1位を記録し、ロックをアートにまで高めた初のコンセプト・アルバムとして、20世紀を代表する名盤と呼ばれるまでになった。ライヴ活動をやめたビートルズがレコード上で別のバンドとして〝疑似ライヴ〟を行なう——。アイディアの勝利というしかない。見事な復活劇だった。カラフルなアルバム・ジャケットには、花に飾られたギターやマッシュルーム・カットの頃の4人の蠟人形まで登場しているが、まるでそれは、〝アイドル時代〟の過去を葬り去り、次なる世界へと革新的に進むための意思表示のようでもあった。

イメージの変化について、ジョンはこの時期にこんな発言を残している。

「僕らがイメージを作ったんじゃない。みんなが勝手に僕らのイメージを作っているんだ。新しいレノンだなんて、空港かどこかで撮られた写真に大騒ぎしているけど、誰がそんなことを気にするんだ?」

4人はさらに、アルバム完成直後の4月25日、ポールの呼びかけを元に、早くも次のプロジェクトを開始した。テレビ映画『MAGICAL MYSTERY TOUR』のタイトル曲の収録である。

映画『MAGICAL MYSTERY TOUR』のアイディアがポールの脳裏に浮かんだのは、まだ『SGT.PEPPER'S』完成前のことだった。ここで興味深いのは、『SGT. PEPPER'S』発売前にもかかわらず、テレビ映画『MAGICAL MYSTERY TOUR』とアニメ映画『YELLOW SUBMARINE』用のレコーディングをすでに開始していることだ。休む間もなくスタジオ入りを強要されたジョンは「ポールに嫌気がさした」と言っていたが、ポールをここまで駆り立てたのは「旺盛な創作意欲」だけではないだろう。ライヴ活動をやめたビートルズの次の一手をポールはどう捉えていたか。この時期（4月19日）、後のアップルへの橋渡しともなる〝ビートルズ&カンパニー〟も設立されているが、一言でいうなら、「ビートルズ」を存続させることと、そのために自分たちでマネージメントを行なうこと、その想いが他の誰よりもポールには強かったのだろう。

6月25日には『アワ・ワールド』に出演。ジョン、ポール、ジョージがそれぞれ曲を持ち寄り、ジョンが書いた「All You Need Is Love（愛こそはすべて）」が最終的に選ばれた。〝ラヴ&ピース〟をテーマにしたジョンの傑作は、世界24ヵ国での衛星中継番組のテーマにまさにふさわしい内容だった。続いて8月にマハリシ・マヘーシュ・ヨーギーの瞑想セミナーに出席するため、ウェールズのバンゴーへと向かった。その時シンシアは、ファンと間違えられて列車に乗り遅れてしまった。「これがジョンとの別れの兆しだった」とシンシアはのちに語っている。

「マハリシは父親のような存在だった。僕にとってはエルヴィスもそうだったかもしれない」と言うように、幼い頃に父と離ればなれになったジョンには、父を求める気持ちが人一倍強かった。ボブ・ウーラーもエプスタインも、ある意味ではジョンの父親役だった。父という存在についてジョンは語る。

「僕たちの多くは父親を捜しているんだ。僕の父も物理的な意味で不在だった。たいていの人たちの父親も、精神的かつ物理的な意味で不在なんだ。つまり、いつも会社に行っていたり、ほかのことに忙しいんだ。だから宗教や政治などの指導者が、父親という存在の代理を担っていくのさ。でも父親は、僕たちの心を癒してはくれない」

ジョンがマハリシの修行のもとで瞑想を行なう気になったのも、こうした発言に由来している。

66年のライヴ活動の終焉は、「4人がよく見えるように」と常に気にかけてきたエプスタインとの別離を表わしてもいた。〝ボーイズ〟のステージでの演奏姿に魅了される世界中のファンの姿を目にすることに喜びを感じていたエプスタインは、しかしライヴ活動をやめ、スタジオにこもる時間が増えた4人をもはや掌中に収めてはいなかった。そして4人がマハリシの講義を受けるためにウェールズに滞在中の8月27日、エプスタインはドラッグの服用過多により32歳の若さでこの世を去ってしまう。ライヴ活動をやめたビートルズが新会社を設立したことや、10月1日にマネージメント契約が切れることなど、生き甲斐だったビートルズがどんどん遠ざかっていくことに耐え切れなかったのだろう。

ジョンは「父親」をまた失った。

「死んだのはブライアンの肉体だけで、彼の精神は常に僕たちとともに生きるだろう。彼のパワーと原動力がすべてだったし、それは長く残るに違いない。彼は本当に死んだわけではないんだ」

「彼が力を与えてくれたからこそ、僕たちはあれだけのことがやれたんだし、まだその力は生きているのさ。マハリシの瞑想コースに彼が出てこられないのは面白くないけどね」

ジョンはエプスタインの死を、ユーモアを交えながらもあくまで冷静に受け止めたが、ここまで落ち着いて語れたのは、マハリシのおかげでもあったはずだ。

そうしたなか、ソロ活動はさらに活発化していく。ヨーコと出会ったジョンは、「The Fool On The Hill」のセッション（9月25日）にヨーコを招き、10月11日にはヨーコの個展『ヨーコ・プラス・ミー』のスポンサーを務めた。

68年になると、ジョンとヨーコはますます親密になった。67年8月についで、再びマハリシのもとで瞑想を行なうため、68年2月にシンシア、ジョージ夫妻とともにインドのリシケシュへと旅立った。インド滞在中、ジョンはシンシアに見つからないようにヨーコと文通を続けていた。しかもジョンは、ヨーコをインドへ連れていくことまで考えていたという。ヨーコからの手紙には、たとえば「わたしは雲。空にいるわたしを探してちょうだい」というような言葉が書かれていた。66年以降、曲作りの面で停滞気味だったジョンは、ヨーコに感化され、インドで過ごした2ヵ月のあいだに10曲以上も書き上げた。

インドでの滞在は予定よりも1ヵ月以上繰り上げられたが、それはジョンがマハリシをインチキだと悟ったからだった。そのときの模様をジョンが語る――。

「マハリシがミア・ファーローか誰かを強姦しようとしたり、ほかにも数人の女性に迫ろうとしたとかいう大騒ぎがあったんだ。ジョージが本当かもしれないと思いはじめていたので、そうかもしれないと思った。ジョージがそう思うからにはきっと何かあるからだ。僕らは一晩徹夜で真剣に討論したあと、4人揃ってマハリシに会いに行った。そしていつものように、嫌なことを言わなきゃならない役目を僕が負わされた。『僕らは帰る』と言うと、彼は『なぜです?』と訊き返したので、『あんたがそれほど宇宙的だって言うなら、どうしてかわかるだろ』と言ってやった。そうしたら彼は、この野郎殺してやる、というようなものすごい目つきで僕を睨んだ。そのときわかったんだ、僕がやつのこけおどしに挑んだってことが」

マハリシがインチキかどうかは別として（アップル・エレクトロニクスの責任者になったマジック・アレックスが、ジョンに取り入るために吹き込んだようだ）、ジョンは、父親的存在とみなした人物に辛くあたることが頻繁にあったが、これもそのひとつと言えるかもしれない。

ジョンとポールはインド滞在中にニュー・アルバム用の曲作りに励み、アルバム制作に先駆けてジョージのイーシャーの自宅で新曲のデモ録音を行なった。この時のセッション

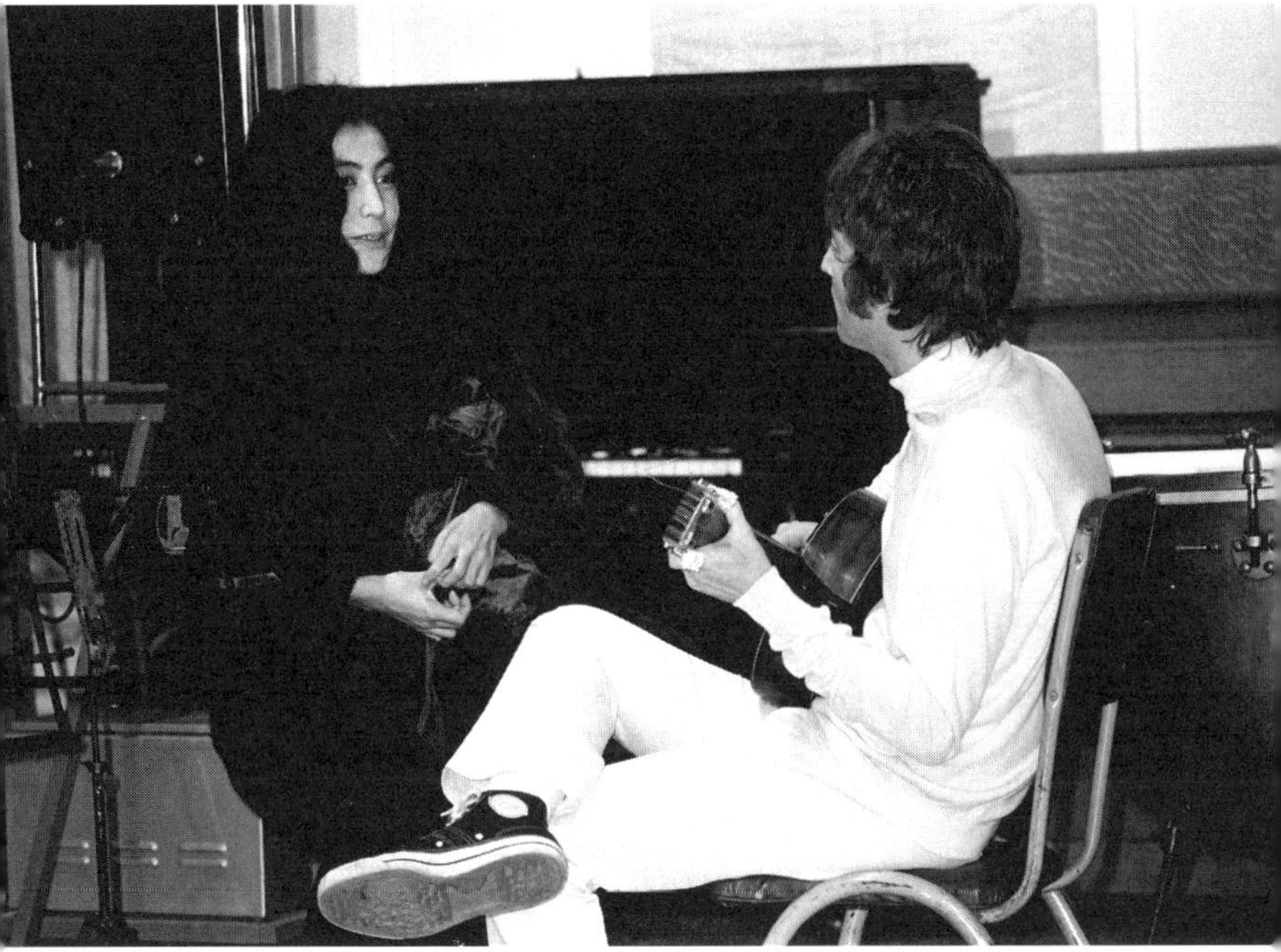

EMIスタジオでの「The Fool On The Hill」のセッションにヨーコを招き入れる。現存する最初期の2人の写真（1967年9月25日）
©Koh Hasebe/Shinko Music/Getty Images

ではジョンの「Child Of Nature」（「Jealous Guy」の原曲）、「Look At Me」、ポールの「Jubilee」（のちの「Junk」）、ジョージの「Circles」をはじめ、ビートルズ解散後のソロ・アルバムに収録された曲も多い。インド滞在時の曲作りがいかに実りの多いものだったかがわかる。

インドへの瞑想旅行は、食事や環境に関しては厳しい日々の連続だったし、ジョンがマハリシに幻滅したのも事実だったのだろうが、〝自分探しの旅〟とも言えるこの長期間の瞑想ツアーは、〝ビートルズ〟という枠から解放され〝個〟を見つめる上でも意義深い日々となった。インドの自然に触れながら非日常の時間を長く過ごせたわけだから、身も心も解放されたのは間違いない。自分のことは自分で決める――妻シンシアをインドに連れていったジョンは、以後ヨーコとの生活をより推し進めていくことで〝自己実現〟を目指すようになるのだ。

ジョンは67年に「僕にはビートルズの一人だという自覚が全然ない。僕は僕でしかないし、有名でもない」と語っていたが、68年にも、こんな発言を残している。

「自分を偽るかわりに自分自身であろうとする努力を誰もが行なえば、世の中はきっと平和になる」

67年12月にアップル・ブティックを開店したのに続き、68年4月16日にアップル・パブリシティを設立。5月14日にジョンとポールはニューヨークでビートルズ自身の会社アップル設立の記者会見を開き、本格的な事業に乗り出した。

マネージャー亡き後、ビートルズ自身もこうして活動の幅を広げていったが、ジョンはさらにヨーコと行動を共にするようになる。5月19日、ウェイブリッジの自宅で『UNFINISHED MUSIC NO.1: TWO VIRGINS（未完成作品第1番：トゥー・ヴァージンズ）』を制作してヨーコとの仲を深めたジョンは、ビートルズのニュー・アルバム『THE BEATLES』のセッション初日（5月30日）に、ヨーコをスタジオに連れてきたのだ。ポールはその時の〝衝撃〟について、こんなふうに言っている。

「たしかに最初はヨーコの存在に違和感があった。それまで女性はスタジオには来なかったからね。ジョンがヨーコと付き合うようになってから、彼女は脇に控えているのではなく、僕たち4人の真ん中にいたのさ」

ヨーコはジョンに寄り添っていただけではなく、「Revolution 9」をジョンと共同で制作し、「The Continuing Story Of Bungalow Bill」にヴォーカル、「Birthday」にコーラスで参加したのだ。ジョンによると、リンゴとモーリン（・スターキー）以外は彼女のことを侮辱したそうだが、ジョンとヨーコはすでに一心同体であり、メンバーもそのことを認めざるを得ないほどだった。以後、5月にロンドンのドルリー・レーンで初めて公の共同展を開催したのに続き、6月15日に「平和のどんぐり」イヴェント（世界平和を願い、2つのドングリを地面に植えるイヴェント）、さらに7月1日にはジョンの初の個展「ユー・アー・ヒア」を開催。ソロ以降に数多く実践される2人の平和運動はすでに始まっていた。

その後も4人を取り巻く状況は決して順風満帆とはいかず、グループ内の緊張感はさらに高まっていく。そしてついにリンゴが、8月22日にグループを脱退してしまう（2週間後に復帰）。メンバー間の不和に嫌気がさしたジョージ・マーティンも、21歳の若手クリス・トーマスにアルバムのプロデュースを任せて、9月の1ヵ月間、休暇に出てしまった。

リンゴが脱退した日には、シンシアが、ヨーコとの関係を理由にジョンに対して離婚訴訟を起こした。11月8日にジョンとシンシアの離婚が成立。58年12月に本格的な交際を始めてからほぼ10年で2人の関係に終止符が打たれた。シンシアとの離婚についてジョンは次のように語っている。

「シンシアとの結婚生活が不幸せだったわけではない。けれども、僕らの生活は、何事も起こらないごく平凡な状態で維持され続けていたんだ」

混沌とした状況を経ながらも、10月14日、5ヵ月に及ぶレコーディングは終了。シングル「Hey Jude」が8月30日にアップルからの最初のシングルとして発売されたのに続き、初の2枚組アルバム『THE BEATLES』が11月22日に発売された。フォーク、カントリー、ヘヴィ・メタル、ブルース、ジャズ、クラシック、現代音楽……など、4人が〝個〟をぶつけあった結果生まれた音楽性の幅広さは、曲数の多さもさることながら、ビートルズ・サウンドの集大成と呼べるものでもあった。アルバムには、ジョンがヨーコにインスパイアされた「Happiness Is A Warm Gun」や「Julia」なども含まれており、ジョンが母ジュリアに捧げた「Julia」では“ocean child calls me”と、歌詞にヨーコ（“ocean child”＝洋子）の名前も盛り込んだ。

この時期、ジョンとヨーコに難問がいくつか降りかかった。10月18日に2人が大麻不法所持で逮捕されたのがその始まりだった。2人が住んでいたモンタギュー・スクエアのアパートが警察の手入れを受け、トランクの中から大麻が発見されたのである。ジョンは非を認めたものの、「あれはでっち上げだった。連中は僕たちのイメージが気に入らなかったんだと思うよ。ビートルズの流行は終わった。もうアイドルだからといって守ってやる理由はなくなったんだから、捕まえろ！ってなもんさ」と語った。

この有罪判決は、ジョンのアメリカ入国に関してのちのちまで大きな障害となった。11月29日には『TWO VIRGINS』が発売されたが、全裸ジャケットが物議を醸す騒ぎとなった（EMIもキャピトルが流通を拒否したため、イギリスはトラック・レコーズ、アメリカは茶色の外袋をかぶせた仕様でテトラグラマトンが販売した）。ジャケットについてEMIのジョセフ・

ロックウッド卿は、こうコメントした――「裸にするならポールのほうがまだましだ」

そして12月10日――おそらくポールならこのタイミングではやらないだろう。いや、やるのはジョンだけだと言ったほうが正しいかもしれない。『THE BEATLES』発売からわずか3週間しか経っていないのに、ジョンはヨーコと共にローリング・ストーンズの映画『ROCK AND ROLL CIRCUS』に出演し、即席バンドで新曲「Yer Blues」を披露したのだ。「即席バンド」と書いたが、メンツが凄い。ジョンとヨーコのほかに、エリック・クラプトン、キース・リチャーズ、それにジミ・ヘンドリックス・エクスペリエンスのドラマー、ミッチ・ミッチェルという顔ぶれである。

それにしても、ブリティッシュ・ブルース・ブームに乗っかって書いたこの曲を、なぜジョンはビートルズでやらなかったのだろうか。ポールのワンマンぶりに嫌気がさした、という思いもあったのかもしれないが、むしろジョンは、ヨーコとの共作アルバム『TWO VIRGINS』を発表したのに続いてヨーコと一緒に公の場で〝何か〟をやりたかったのだろう。

しかもジョンは、その即席のスーパー・バンドをこう命名した――〝The Dirty Mac〟と。〝Mac〟とは〝McCartney〟、すなわちポールのことだ。『ABBEY ROAD』に収録された「Sun King」はフリートウッド・マックの「Albatross（あほうどり）」のビートルズ版だと、作者のジョンは80年の『プレイボーイ』のインタビューで喋っている。“Mac”には、当時ブルース・バンドだった“Fleetwood Mac”と“McCartney”をおちょくろうとしたジョンお得意のダブル・ミーニングも含まれていたのだと思う。

これにはちょっとした後日談がある。ジョン命名の“The Dirty Mac”に対して解散後にポールは——どこまで意識していたかはわからないが、こんなしゃれた〝返答〟をしている。80年の「Coming Up」のプロモーション・ヴィデオは、ポールがバディ・ホリーやハンク・マーヴィンなど9人に扮した演奏シーンを収めた秀逸な映像だったが、そのドラムのロゴに“THE PLASTIC MACS”と書かれているのだ。“PLASTIC”が何を意味するかは言うまでもないだろう。ウイングスの変名バンドにすればよかったのに、と思うほどだ。

即席のスーパー・バンドで特に目を引くのは、「While My Guitar Gently Weeps」（68年）に参加したエリック・クラプトンにジョンが声をかけたことだ。そしてジョンは、69年にプラスティック・オノ・バンドのメンバーとしてクラプトンを引き入れるのだ。『ROCK AND ROLL CIRCUS』への出演は、ビートルズとヨーコの狭間で宙ぶらりんだったジョンが、ビートルズを離れる決意をし、ビートルズとは発想も形態も異なる新たなバンド結成へと向かう大きなきっかけになったと言ってもいいだろう。

『THE BEATLES』の折込ポスターの歌詞の部分を引きちぎってマイクにくっつけ、「Yer

Blues」を荒々しく歌うジョン。「Twist And Shout」をがなるジョンとは見た目も声も全く異なるが、ジョンはやっぱり、野性味たっぷりで最高のロックンローラーだ。人前でのこの演奏があったからこそ、翌69年1月30日のアップル・ビル屋上でのライヴ演奏にも、土壇場までやることに消極的だったジョージとリンゴの尻を叩いて「とっとと終わらせてしまおうぜ」と気を吐くことができたのだとも思う。

当時リンダ・イーストマンと付き合いはじめたポールは、ジョンが「Yer Blues」を演奏している日にリンダと彼女の娘へザーと3人で急に思い立ち、ポルトガルに休暇旅行に出かけた。おそらく、〝ビートルズ以外のジョンの勇姿〟を見たくなかったにちがいない。ビートルズではなくローリング・ストーンズに手を貸し、新曲を人前で歌うジョンの〝暴挙〟に対してビートルズ解散の危機を感じたポールは、他の3人にこう呼びかけた。「もう一度、昔のようにライヴ活動を行なおう」と。そしてポールは、その想いを新曲「Get Back」に託した――「元いたところに戻ってこい」と。

こうして69年1月2日から〝ゲット・バック・セッション〟が始まることになるが、制作スタッフに選ばれたのは、『ROCK AND ROLL CIRCUS』を手掛けたマイケル・リンゼイ＝ホッグとトニー・リッチモンドだった。『ROCK AND ROLL CIRCUS』へのジョンの出演は、ビートルズにとっても無意味じゃなかったということだ。

69年1月に1ヵ月かけて行なわれた〝ゲット・バック・セッション〟の詳細については、拙著『ゲット・バック・ネイキッド』（青土社）をぜひご覧いただければと思うが、セッションの合間には、興味深いやりとりがいくつもある。特に、ジョージが一時脱退した後の1月13日の昼食時には、驚くほど「ネイキッド（生身）」なやりとりが繰り広げられている。以下、一部抜粋する——。

ジョン 戻ってほしいと心から思ったら、君（ポール）のために自分のエゴを抑え込むしかない。君への嫉妬を抑え込んで、何らかの理由をつけてやり続けるしかない。そうさ。君は今年に入って突然、僕が何者で、彼（ジョージ）が何者かということに気づいたわけさ。

ポール まだ全部は把握していない。

ジョン 今まで君には、君なりの動機があった。僕はそれに合わせてきた。それで僕は君よりかっこよく見えたわけだ。その前も僕は、利己的な理由や正当な理由、それか、他に選択肢がなくて君に合わせてきた。だけど今年に入って君は、自分のしてきたことがわかった。それから、他人（ビートルズの3人）がしていることもわかり、僕らがそれに責任を感じていること、お互いの関係性に責任を感じていること、それがなければもっといいものができることも……。聞いてくれ。突然、状況を察したことを責めているわけじゃない。みんなの責任でもある。自分の身を守るという目的はみんな同じだった。自分の立ち位置がわからなくても、君のやりたいようにやらせて、ジョージに対しても同じだった。(中略)今回のことは君のせいだと思う。なぜか――君が突然すべてのことに気づいたからだ。自分がこういう人間だから、僕にはわかる。(リヴァプールの)メンディップスにいた頃もそうだったろ?「僕のこと好きか?」と聞いて、駆け引きをしてたんだ。

ポール ずっとずっと見てきたよ。

ジョン ああ、ああ。今年になって突然、(ポールに向かって)君は自分のせいにしはじめた。まるで……僕が何も知らなかったかのように。それで君(ポール)はこう思った――「クソ、彼(ジョン)がどんなやつか知ってるぞ。よく人を蹴っ飛ばしてた。(クォリー・メンの)レン(・ギャリー)とアイヴァン(・ヴォーン)と共謀して悪さをしていたのを覚えてる。僕は知ってる。やつなんてクソくらえだ!」と。たしかに僕はそういうことをしてきた。君(ポール)は5年間のトラブルを今年になって持ち出してきたんだ。片方の僕は、君(ポール)を助けるために何でもしようと思う。もう片方の僕は、自業自得だと思う。あいつ(ポール)のせいで5年間クソを食わされたのに、やっと今それに気づいたのか?と。

20代の若者が――とは思えないほど成熟しているが――ここまで腹を割って話しているのは、ジョージの脱退が（実は）ショックで、「ビートルズの今後」について向き合うことにしたからだろう。とはいえ、この発言だけでジョンの真意を探るのは、実に難しい。たとえばなぜポールに対してジョンが「僕は君よりかっこよく見えたわけだ」と言ったりするのか？　初めて知る「事実」が多く、具体的には推測するしかないからだ。

ただ、ジョンの発言から、こんなふうに読み取ることはできる――おそらくバンドのリーダーとしても音楽的にもポールには勝てないと思っているジョンが、ジョージに戻ってきてほしいと心底思うとするならば、ポールへの嫉妬心を抑え、ヨーコよりもビートルズの活動を優先するしかないと言っている、と。

また、特にジョンとポールとジョージの3人は10代半ばから共に過ごしてきた仲間であり、関係が壊れたように見えても、長い友情で結ばれている、ということも伝わってくる。とはいえ、ジョージが抜けた直後のセッションでは、ジョージがいなくなったのを皮肉るかのように、ザ・フーの「A Quick One While He's Away」を演奏し、曲の後半でジョンはこう叫ぶのだ――"Ok,George, take it!"と。しかもジョンは「ジョージが戻らなかったら、エリック・クラプトンに弾いてもらう」とか「ジョージの楽器を山分けする」などと、得意の（？）毒舌を放っている。ジョンの性格を知れば知るほど、真意はそこにはないということもわかる話ではあるけれども……。

映画『LET IT BE』のハイライトとなった1月30日のアップル・ビル屋上でのライヴ演奏と、翌日のスタジオでの正式レコーディングで〝ゲット・バック・セッション〟はひとまず終了となる。そして2月3日、ポールを除く3人の推薦により、ローリング・ストーンズを手掛けた実業家、アラン・クラインがビートルズのビジネス・マネージャーに就任した。

「僕はこれまで人を判断するということで多くのあやまちを犯してきたが、3人だけは、自分の判断が正しかったと思うことがある。エプスタイン、ヨーコ、そしてアラン・クラインだ」

ジョンはアランに全面的な信頼を寄せていた。だが、ポールだけは彼と対立し、リンダの父と兄をアップルの顧問に迎えた。ポールとアラン・クラインとの対立は必然的にポールと他の3人との対立をも生み出し、それがビートルズ解散の引き金となったのである。

その後もジョンとヨーコの共作活動は留まるところを知らず、ザップル・レーベルからそれぞれ5月と11月に『UNFINISHED MUSIC NO.2: LIFE WITH THE LIONS（未完成作品第2番:ライフ・ウィズ・ザ・ライオンズ）』と『WEDDING ALBUM』の2作品を立て続けに発表した。音を視覚化したり音と戯れたり、〝音を記録する〟ことで結びつきを深めていった2人が、これらの作品を通して問いかけたかったのは、おそらくこういうことだ。

まずは音と向き合い、音を意識することから始めてみる。そうすることで〝未完成〟作品が〝完成〟する――。ハプニングと呼ばれるイヴェントや映画、展覧会、レコード制作と、ビートルズ解散間際の68年末から69年にかけてジョンとヨーコがビートルズから離れて精力的に行なった多彩な活動の一端が覗ける記録集としての意義も、この2作にはある。

5月28日、ゲット・バック・セッションをグリン・ジョンズがまとめたアルバム『GET BACK』はいったん完成したものの、散漫な演奏に4人は満足できず、そのまま棚上げになってしまう。ここで代わって登場したのが『ABBEY ROAD』である。バンド崩壊が現実のものとなりつつある現在、最後はきっちり締めくくりたい――『GET BACK』が放置されている状況の中、覚悟を決めたポールは、ビートルズとしての有終の美を飾る最後のスタジオ・アルバムのプロデュースをジョージ・マーティンに託す。だが、ポールのそんな思いなどどこ吹く風とばかりに、ジョンとヨーコは、平和運動の実践でもある〝ベッド・イン〟を3月25日から31日までアムステルダムのヒルトン・ホテルで行なったのに続き、5月26日から6月2日までモントリオールで2度目の〝ベッド・イン〟を行なった。6月1日には、その場で〝Give Peace A Chance（平和を我等に）〟をレコーディングし、プラスティック・オノ・バンドのデビュー・シングルとして、『ABBEY ROAD』制作中の7月4日に発表した。ジョンがヨーコとの音楽活動を優先しつつあったのは、誰の目にも明らかだった。

「Give Peace A Chance」も、デビュー前の2人の取り決めにより、クレジットは「レノン＝マッカートニー」となっている。ただし、2人のクレジットに関しては、その並びから「ジョン＝作詞／ポール＝作曲」と誤解する人がいまだに多いことは先に触れた。とはいえ、そう取られても仕方がないと思わせる資質がたしかに2人にはある。「Yesterday」「Hey Jude」「Let It Be」など万人受けする曲をいとも簡単に作ってしまえるように見えるポールは〝曲作りの天才〟だし、「Strawberry Fields Forever」「Lucy In The Sky With Diamonds」「I Am The Walrus」「Across The Universe」など、時にナンセンスの香りもまぶしながらイメージ溢れる言葉を紡ぎだせるジョンは〝生まれながらの詩人〟だ。そうした見え方は、わかりやすいし、間違ってはいない。ただし2人は、単純に「それだけのタイプじゃなかった」ということだ。

もうひとつジョンは、〝言葉（フレーズ）〟で人の心を一瞬にして捉えることができる感

アムステルダムのヒルトン・ホテルで最初の“ベッド・イン”
（1969年3月25日～31日）

覚も持ち合わせていた。「All You Need Is Love」はその好例だろう。ジョンにはコピーライター的センスがあったということだ。人々の心を捉えて離さない言葉の強さ。「Give Peace A Chance」も、その最たる例だった。ジョンはそれを平和運動のメッセージとして積極的に紡ぎ出し、ヨーコとともに反戦を求めて意欲的に行動していったのだ。

ヨーコと出会ってジョンは変わったと言われることは多い。だが実際は、すでに書いてきたように、ジョンの反戦運動や平和を求める思いは、それ以前から変わっていない。ヨーコに触発されて、表に出てきただけだと言っても言い過ぎではないだろう。たとえば日本公演の記者会見で「名誉もお金も得て、次に求めるのは何か」と聞かれて「ピース」と答えてもいる。映画『EIGHT DAYS A WEEK』でポールが人種隔離をするような会場ではやらないと記者会見で言った時にエプスタインが困った顔をする場面が出てくるが、ジョンの〝ラヴ&ピース〟の姿勢は、ソロ以降も一貫していた。

7月から本格的に始まった『ABBEY ROAD』のセッションは精力的に続き、ジェフ・エメリックもエンジニアに復帰、約2ヵ月かけてアルバムは完成した。4人は8月20日に曲順決定などのためにスタジオに集まり（スタジオに出揃った最後の日）、22日にはジョンのティッテンハースト・パークの自宅で4人揃っての最後のフォト・セッションが行なわれた。『ABBEY ROAD』は9月26日に発売され、ビートルズの最高傑作として、印象的なジャケットも含めて高い評価を受けた。

　オープニングを飾ったのは、ジョンの傑作「Come Together」だった。ジョンの曲が最初に収録されたのは、65年の『HELP!』以来のこと。しかもアルバムから「Somethig」との両A面シングルとしても発売された。

「Come Together」がめでたくビートルズ・ナンバーになった背景も面白い。もともとジョンが選挙のキャンペーン曲を依頼されたものの、選挙運動のスローガン〝Come together, join the party〟を盛り込んだ曲がうまく書けずにこうなった、というわけだ。ジョンにはそのキャッチ・コピーが魅力的ではなかったということだろう。しかし代わりにできた曲の歌詞ときたら、「I Am The Walrus」と双璧を成す〝レノンセンス〟に満ちた傑作なのだ。〝ウォルラス〟や〝ヨーコ〟も歌詞に紛れ込ませて聴き手をケムにまいた一種のドラッグ・ソングとみなすこともできそうだが、「All You Need Is Love」と同じように、〝言いたいこと〟以外はあえて難解な言い回しにし、決めとなるフレーズを繰り出す。そうした詩作の特長は、ボブ・ディランに傾倒していたジョンの持ち味のひとつでもある。

　この曲を置き土産にビートルズを葬り去ったジョン。やる気のほとんどない状況の中、「Come Together」をビートルズに別れを告げるナンセンスな1曲として最後っ屁のように放り投げた、と言えなくもない。ジョンがもはや3人に交わっているようには思えないからだ。「Come Together」にはもうひとつ重要なフレーズがある。〝One and one and one is three〟だ。後に〝ポール死亡説〟のひとつの根拠として挙げられたが、この〝スリー〟をジョン以外の3人ととるか、ポール以外の3人ととるか——いずれにしても、思わせぶりな一節である。

69年9月13日にカナダ・トロントのヴァーシティ・スタジアムでロックンロール・リヴァイヴァル・ショーが開催されることになった。これはプラスティック・オノ・バンドのデビュー・コンサートとなったが、結果的にそうなったと言ったほうが正しい。

ジョンが出演依頼を受けたのはその前日だった。チケットの売れ行きが芳しくなかったからだ。ジョンが出演を決めた大きな理由は、演奏者の顔ぶれからだろう。チャック・ベリー、リトル・リチャード、ボー・ディドリー、ジェリー・リー・ルイスら、ジョンのロックンロール・ヒーローが一同に会するのだから。しかし、クリームもジミ・ヘンドリックスもピンク・フロイドもキング・クリムゾンもデビューしていた69年秋に、50年代のロックンローラーを集めたライヴが興行的に成功すると考えた主催者は甘いと言われても仕方がない。むしろジョンに助け舟を求めた、とみるべきだ。一方、ジョンはジョンで、

68年12月の『ROCK AND ROLL CIRCUS』、69年1月の〝ルーフトップ・コンサート〟、さらに3月の前衛ジャズ・フェスティヴァルときて、プラスティック・オノ・バンドとしても本格的に始動したいと考えていただろうから、タイミングは良かった。

ジョンはエリック・クラプトン、クラウス・フォアマン、アラン・ホワイトに声をかけ、特別にチャーターした飛行機の機内で即席のリハーサルを行ない、本番に備えた。とはいえ、急ごしらえのバンドではロックンロールのカヴァーを多めにやるしかなかったが、それはそれでロックンロール・リヴァイヴァル・ショーのテーマに合ってはいた。極度の緊張で本番前に吐いたというジョンは、バンドを従えて、「Blue Swede Shoes」やビートルズ時代のカヴァー曲「Money」「Dizzy Miss Lizzie」などをまずは演奏。最初は手探り状態だったバンドはまとまりが徐々に良くなり、ジョンとクラプトンのギター・バトルも次第に白熱していく。スリリングなステージの模様は、「Yer Blues」でさらに盛り上がりをみせる。そして、ビートルズとしてのレコーディングを拒否されたと言われる新曲「Cold Turkey」や、ジョンが「この曲をやるために来た」と語る「Give Peace A Chance」、同じく「〈トロント1984〉とでも言ったほうがいいようなものだった」と後に語ったヨーコのヴォイスをフィーチャーした「John John（Let's Hope For Peace）」で締めくくった。

ロックンロールのカヴァーやビートルズのこの時点での最新アルバム『THE

BEATLES』からの曲、さらにプラスティック・オノ・バンドの未発表の新曲まで交えて披露された内容は、ある意味、ジョンの凝縮された「ロック史」を瞬時につかめるような面白さでもあった。この時の模様を収めたライヴ・アルバム『LIVE PEACE IN TORONTO 1969（平和の祈りをこめて）』は、12月12日に発売された（89年には映像作品『SWEET TORONTO』も発売された）。

またしてもビートルズの新作の発売時期に、ジョンはビートルズ・ナンバーとプラスティック・オノ・バンドの曲を演奏したわけだ。そしてジョンは、『ABBEY ROAD』発売直前の9月20日、ビートルズ脱退を切り出した。その時のやりとりについてジョンはこんなふうに語っている。

「ビートルズの今後についてポールが話すことすべてに『ノー、ノー、ノー』と言った。ポールが『どういう意味だい？』と訊くので、こう告げたんだ。『お前はアホだ。もうグループは終わりってことだ。俺は抜けるよ』って」

ビートルズとキャピトル・レコードとの再契約の場での出来事だった。16年、オークションに出されて話題となったジョンがリンダ（とポール）に宛てた手紙では、こんな「事実」も明らかになった。

「ポールとアラン・クラインは、1日費やして『何も言わないほうがいい』と僕を説得したんだ」

リンゴとジョージの一時脱退に続く、ジョンの脱退宣言――。ジョンなくしてビートルズの存在はない。ポールはそのことを誰よりも知っていたのだろう。ジョンの言葉にショックを受けたポールは、その後、スコットランドの農場に引きこもってしまうのだ。

このあとジョンは、「Cold Turkey」をプラスティック・オノ・バンドの2枚目のシングルとして10月24日に発表するなど、ビートルズとは完全に離れ、ソロ・ミュージシャンとしての音楽活動を続けていった。と同時に、イギリス政府がナイジェリア・ビアフラ紛争に干渉していることと、アメリカのベトナム侵略をイギリス政府が支持していることに抗議するため、MBE勲章を返却したり、ユニセフのチャリティ・ショー「ピース・フォー・クリスマス」に出演したり、12月16日にはロンドン、ニューヨーク、ロサンジェルス、東京、パリ、ローマ、ベルリン、アテネ、トロント、モントリオール、香港、ポート・オブ・スペイン（トリニダード島）の計12都市の広告看板に“WAR IS OVER!（IF YOU WANT IT）Happy Christmas from John & Yoko”というクリスマス・メッセージのポスターを掲示したり…と、ヨーコとともに平和活動を精力的に行なっていった。

そして時代は70年代へ。残された3人は、『LET IT BE』となるアルバム制作のためにビートルズとしての最後の活動を続けていくのである。

Chapter 4
1970-1975

ソロ時代のジョン・レノン

ビートルズ＝60年代。

一般的にはそのイメージが圧倒的に強いし、間違っているわけではもちろんない。だが、実際には、バンドは70年代にも辛うじて存続していた。とはいえ、もはやファブ・フォーとしての〝ビートルズ〟ではない。69年9月にジョンはすでに脱退し、70年代を迎えた時には3人組になっていたからだ。

そして70年1月3日、ほぼ1年前に行なわれた〝ゲット・バック・セッション〟をまとめたドキュメンタリー映画『LET IT BE』の公開に合わせて、〝スリートルズ〟は久しぶりにスタジオで顔を合わせた。録音されたのは「I Me Mine」である。『ANTHOLOGY 3』に収録されたそのテイクを聴くと、演奏前にジョージが、仰々しくこう宣言している。

「みなさん、すでに目にされているとおり、デイヴ・ディーはもう私たちと一緒にはいません。でもミッキーとティッチと私は、二の次になっていた秀作の作業を今後も続ける所存であります」

デイヴ・ディー・グループ（正式なグループ名はデイヴ・ディー、ドジー、ビーキー、ミック＆ティッチで、デイヴ・ディーは69年9月に脱退）のメンバーになぞらえてジョンの脱退を伝えつつ、『GET BACK』の完成を目指す――70年初頭にビートルズが置かれていた状況を、ユーモア（と皮肉）をまじえて的確に述べたジョージはさすが、である。だが、この曲が映画に使われなかったら、この3人のセッションは実現しなかった可能性が高い。

一方、プラスティック・オノ・バンドのジョンは、まず「Instant Karma!（We All Shine On）」を1月27日の朝に書き上げ、すぐにレコーディングして発売したいと考えた。そして、その日の夜にジョージなどに声をかけてメンバーをスタジオに集め、ジョージの勧めでフィル・スペクターをプロデューサーに起用。シンプルで力強いこの曲を、ジョンはわずか1日で完成させた。発売はレコーディングからわずか10日後の2月6日。まさに〝インスタント〟な曲だった。

ジョンの大きな魅力のひとつは、直感力に優れていることだ。言ってしまえば、ジョンは〝せっかち〟だった。レコーディングに関しても、だらだらやるのが好きではない。最善のサウンドやアレンジで曲を仕上げるためにはどんなに時間がかかっても労を惜しまないポールとは、その点でも好対照だった。延々と続くレコーディングに嫌気がさし、怒りをそのままぶつけた「Ob-La-Di, Ob-La-Da」（68年）の出だしのピアノなどは、ジョンのせっかちで荒っぽい性格を音で表現したものと言ってもいいだろう。〝思い立ったら即行動〟を地でいくそんなジョンの、レコーディングに関する最たる例が、この「Instant Karma!」だった。もしかしたら、ポールと2人で1日で仕上げた「The Ballad Of John And Yoko」が、そのインスタントなレコーディングのきっかけになったのかもしれない。

そして、これも思わぬタイミングだと思うが、フィル・スペクターの手腕を評価したジョンは、棚上げになったグリン・ジョンズ版『GET BACK』の再プロデュースを3月にフィルに依頼したのだ。こうしてスペクターの改良作業で『GET BACK』が『LET IT BE』として生まれ変わったものの、ここでまた一悶着があった。「The Long And Winding Road」に大仰な女性コーラスを加えたスペクターのアレンジにポールが激怒したのだ。しかしポールは、装飾のいっさいないシンプルなサウンド作りを台無しにしたフィルよりも、フィルを連れてきたアラン・クラインに怒りの矛先を向けた。

「アラン・クラインは『LET IT BE』の出来が良くないと考え、ストリングスが必要だと判断した。それでフィル・スペクターを呼んできて――憐れなフィル、本当は彼のせいじゃないのに――ごてごてと飾らせたんだ」

ここで決定的なことが起こる。アラン・クラインは『LET IT BE』の発売を優先するために、ポールの初ソロ・アルバム『McCARTNEY』の発売延期を決めたのだ。ポールへの伝達役はリンゴだった。

「リンゴが会いに来たけど、『出て行け！』と言ったんだ。僕らは愛や平和を語っていたけど、実際は平和的な気分からはほど遠い状態だった」（ポール）

『McCARTNEY』は、当初の予定どおり4月17日に発売された。見本盤には、プレス用としてポールが自らまとめた質疑応答形式の資料が付いていた。そこにはこう書かれていた――。

「ビートルズの活動休止の原因は、個人的、ビジネス上、および音楽的な意見の相違によるもの」「〝レノン＝マッカートニー〟の共作活動が復活することはない」

4月10日にポール脱退のニュースが世界中を駆け巡り、ビートルズ解散は公になった。ビートルズのラスト・アルバム『LET IT BE』が発売されたのは5月8日。〝ビートルズ解散〟のニュースが報じられてから1ヵ月が過ぎようとしていた。


一方、アーサー・ヤノフのプライマル療法についての本を読み、興味を覚えたジョンは、精神的癒しを得るために、ドラッグや瞑想の時と同じくすぐにそれを試してみることにした。3月31日、ヤノフをアスコットのティッテンハースト・パークの自宅に招き、治療を本格的に受けるため、ヨーコとともに4月30日にロサンジェルスへと向かった。

プライマル療法とは、精神的なダメージの根源を過去へと探っていき、「叫ぶこと」によってその傷を癒すという治療法だった。ジョンの治療は1年以上必要だとヤノフはジョンに伝えていたが、ヨーコの流産やビザの問題などで、4ヵ月で終了となった。とはいえ、ちょうどこの時期に起きたポールの脱退宣言やビートルズ解散をジョンが乗り越えることができたのは、ヤノフの治療のおかげだったといってもいいかもしれない。ビートルズ解散についてジョンは言う――。

「ビートルズと60年代の夢を生涯引きずっていくことは、第2次世界大戦とグレン・ミラーを生涯引きずっていくことに等しいんだ。そのような夢の中で生きることは、もはやその人の人生がたそがれに近づきつつあることを意味する。夢は夢だ。幻なんだよ」

治療を受けている間にジョンは多くの曲を書き上げた。12月11日に発売されたジョンの初のソロ・アルバム『JOHN LENNON/PLASTIC ONO BAND（ジョンの魂）』は、基本的にジョン（ギター）、リンゴ（ドラムス）、クラウス・フォアマン（ベース）という最小限のユニットによる簡潔なサウンドをバックに作り上げられたものだ。シンプルなサウンドにはリンゴのシンプルなドラミングは不可欠。ジョンにはそんな思いもあったのだろう。そして、両親との別離が長い間トラウマとなっていたジョンは、治療の影響が最も顕著な「Mother」でこう叫ぶのだ――「ママ行かないで！　パパ帰ってきて！」と。

ヨーコとの初の共同作品『TWO VIRGINS』で裸になったジョンは、ビートルズから解き放たれ、『JOHN LENNON/PLASTIC ONO BAND』では精神的にも丸裸になった。ジョンがビートルズの一員から〝個〟へと意識を変化させつつある、まさに変革の時。ジョン自身、「ビートルズに代わって僕の目を向けさせてくれるヨーコがいるのだ、と判断したとき、僕はビートルズをやめる決心をしたんだ」と語っていたが、ヨーコとの〝一心同体〟の活動がジョンの目をより自分自身へと向けさせる大きな弾みともなった。

迫りくるビートルズの終焉に対して『ABBEY ROAD』収録の「Carry That Weight」で「重荷を背負っていけ」と歌ったポールとは対照的に、ジョンはあくまでそれまでの自分が帰属していたビートルズを否定することで新たな地点に立つことを選んだ。「God」でジョンはこう歌う——「ビートルズを信じない／ただ僕を信じるだけ、ヨーコと僕を」と。

ビートルズ時代から、いや子どもの頃からいつもセイウチの仮面をかぶっていた〝どこにもいないあいつ〟だったジョンの、これは高らかな〝人間宣言〟でもあった。ジョンが「信じない」のはビートルズだけに留まらなかった。魔法も易経も聖書もタロットカードも真言も聖典もヨガもキリストも仏陀も王様もヒトラーもケネディもエルヴィスもディランも信じない、というのだから、これはある意味、ジョージの遺作となった『BRAINWASHED』(02年)のタイトル曲で歌われた、世の中を洗脳するありとあらゆるもの——学校・教師・規則・指導者・王・女王・日経指数・ダウ平均・フィナンシャルタイムズ・ナスダック・軍隊・メディア・マスコミ・コンピュータ・携帯電話・人工衛星など——の〝逆ヴァージョン〟というか、表裏一体と言ってもいいくらいの痛烈な批判と受け取っていいだろう。ジョンにはもう一人、肌合いの似た弟がいたということだ。

そこで思うのは、ジョンのこんな発言である。68年6月6日に、ビートルズの主演映画だけでなく『HOW I WON THE WAR』でも共演した俳優ヴィクター・スピネッティとともにBBCテレビに出演した際、ジョンはこんなふうに語った——「世の中は狂人たちに支配されている。彼らの目的を成し遂げるために。僕は12歳や16歳の頃に気づき、それを別のやり方で表現してきた。でも、それを僕が表現すると消されてしまうだろう。これが現実なんだ」と。

そしてジョンは「God」で、世の中のそうした〝現実〟に対して「ヨーコと自分だけを信じる。それが現実」と歌ったのだ。集合体としての活動よりも、個人としての生活を大切にしたい——その思いは、ビートルズ解散後の70年代初めに台頭するシンガー・ソングライターの内省的な世界観と呼応するものでもあった。

12月30日、ポールは他の3人のメンバーとアップルに対し、ビートルズの解散とアップルでの共同経営の解消を求める訴えをロンドン高等裁判所に起こした。ビートルズ脱退の理由として、「アラン・クラインが『McCARTNEY』の発売を延期させようとしたこと」「許可なく〈The Long And Winding Road〉に手を加えたこと」などが挙げられた。

71年3月12日に裁判所はポールの訴えを認め、他の3人も上告を断念したため、ビートルズの解散が決定した。ジョンは、80年のインタビューでビートルズの解散についてこう語った。

「ポール、ジョージ、リンゴは学校の旧友なんだ。ただ僕は同窓会の幹事になるようなタイプじゃない。すべて終わったことさ」

71年1月、ジョンとヨーコはお忍びで来日した。ジョンは66年の日本公演以来4年半ぶり、ヨーコは7年ぶりの帰国で、13日から25日までの約2週間滞在した。ジョンは、日本に向かう船の中で〝ビートルズ解散訴訟〟の知らせを聞いたという。

滞在中は東京のヒルトン・ホテル（ビートルズが66年の来日時に泊まったホテル）を足場に、比叡山延暦寺を参拝したり、神奈川県藤沢市のヨーコの実家を訪れたりと、自由に行動した。日本滞在時のハイライトは、この後に2人が東京・湯島にある骨董店「羽黒洞」を訪ねてからの出来事だ。店主・木村東介氏による述懐が実に面白い。

木村氏は、店にやって来たジョンとヨーコをまず2階に案内した。床の間にあった白隠や仙厓の絵（禅画）についてヨーコの説明を聞いていたジョンは、「いくらだ？」と尋ね、次々と「ＯＫ」と言って購入していったという。しばらくすると、松尾芭蕉の俳句「古池や蛙飛びこむ水の音」の短冊を見たジョンの目の色が変わった。良寛や小林一茶の俳句が書かれた短冊も手にし、すべて「ＯＫ（購入）」というジョンに対し、俳句の心がわかるのかと訝しがる木村氏の目の前で、ジョンは芭蕉の短冊を大事そうに抱えて、こう言った。
「僕がこれを買って海外に持って行くことを、どうか嘆かないでほしい。ロンドンに帰ったら日本の家を建て、日本の茶席を造り、日本の庭を造り、日本のお茶を飲み、床の間に掛け軸をかけて、日本人の心になってこの芭蕉を朝夕見て楽しむから。日本人に売ったものと思って嘆かないでほしい」

それを聞いて、いい人が買ってくれたと嬉しく思った木村氏は、ジョンに歌舞伎を見せようと決めた。東銀座の歌舞伎座に着くと、場内は真っ暗で、中村歌右衛門と中村勘三郎の『隅田川』が上演されている最中だった。華やかな歌舞伎を見せたいと思っていた木村氏の意に反して陰気な舞台だったので、「出ましょうか？」と言おうとしたら、ジョンの頬に涙がとめどなく流れている。それをヨーコがハンカチで拭き続けている。セリフは全くわからないのに、殺された我が子を見て母親が泣き崩れる場面を観て涙を流すジョン。
「日本人よりもわかっている。目で見ているのではなく、心で見ているんですよね」と木村氏は言う。「芝居は目で見るものではない。頭で見るものではない。魂で演ずる役者の演技は、魂で見るものだということなんですよね」

まさに「ジョンの魂」ここにあり、だ。

この話には続きがある。〝魂の演技〟をした歌右衛門の楽屋を訪ね、「ぜひロンドンに来て『隅田川』を最初から演ってほしい。とても感激した」と伝えたジョンは、その後もう一幕、華やかな舞台を観ることになった。歌舞伎の美しさを存分に伝える舞台だったが、始まってもジョンは「ノー」と言って全く観る気がない。日本人以上に日本の心を理解していたジョンについて、木村氏は「機嫌をとっている芸術をジョンは見る気もしなかった」とも語っている。

21日には、東芝音楽工業のビートルズの担当ディレクター・水原健二氏（高嶋弘之氏に次ぐ2人目）とのインタビューが帝国ホテルで行なわれた。話の中心は、日本でも間もなく発売される2人のソロ・アルバム『JOHN LENNON/PLASTIC ONO BAND』と『YOKO ONO/PLASTIC ONO BAND（ヨーコの心）』（当時の邦題は『ヨーコの芸術』）となったが、初のソロ・アルバムについて、「俳句は最も美しい詩だ。自分の書く曲はもっと短く簡潔になっていくかもしれない。このアルバムには歌詞も音もシンプルで禅の精神がある」と、ジョンは日本の文化や芸術の影響を受けていることをはっきりと口にする。日本語で「シブイ」アルバムだとも。

この71年1月の取材音源に、69年12月18日にカナダのトロントで録音されたメッセージ音源を加えて71年に制作されたのが、「ジョン・レノン&ヨーコ・オノ　特別インタビュー　1971年1月25日（帝国ホテルにて）」という7インチ仕様のＥＰで、２人の最初のソロ・アルバムに添付されたはがきを送ると、抽選で１０００名に当たるという非売品だった（20年10月〜21年1月開催の『ダブル・ファンタジー　ジョン&ヨーコ』展で会場限定発売）。

ジョンは、3月にシングル「Power To The People（人々に勇気を）」を発表したのに続き、5月にはアスコットの自宅スタジオ（ティッテンハースト・パーク）でセカンド・アルバム『IMAGINE』の制作を開始した（アメリカは71年9月9日、イギリスは10月8日発売）。

「前作と同じメッセージを持っているんだけど、オブラートにくるんであるので受け入れられたんだ。それでわかった、政治的なメッセージにはほんの少しハチミツをまぶしてやればいいんだとね」

だが『IMAGINE』には、ジョンがオブラートにくるまない曲もいくつか収録されている。特に、ジョンが直接ポールを批判した「How Do You Sleep?（眠れるかい？）」はファンの度肝を抜いた。この曲についてジョンはのちに「ポールとビートルズを卒業するために書いた」とか「ポールに対して僕が若い頃から持っていた兄弟同士のライバル意識に基づく怒りみたいなものを利用して作った」などと述べている。その半面、「フリークたちが君は死んだと言ったのは正しかった」という一節については、「ある意味でポールの創造性は死んだと思う」とも言明している。

それにしても、『RAM』と『IMAGINE』の、曲を通しての2人のやり合いは激しかった。布石はすでにあった。『JOHN LENNON/PLASTIC ONO BAND』収録の「I Found Out（悟り）」でジョンが「キリストからパウロ（＝ポール）まで見てきて」わかったんだと皮肉っぽく歌ったのを受けてポールは、リンダとの共同名義の『RAM』の1曲目の「Too Many People」でやり返す――「説教ばかりするやつはあっちに行け」と、ジョン（とヨーコ）を当てこすったのだ。さらに2曲目の「3 Legs（3本足）」では、矛先はジョージとリンゴにも向かう。〝3本足〟とは、ビートルズが解散したら3人じゃうまくいかない、ということだ。自分がいたからビートルズはうまくいっていたというポールの思いの裏返しでもある。

対して、もうこれはジョンならではの――というよりもジョンしかできないと言ってもいいほどのしっぺ返しで応酬した。先に触れた「How Do You Sleep?」でジョンは、まず出だしにビートルズの『SGT. PEPPER'S』風のSEを配し、「『SGT. PEPPER』には度肝を抜かれただろう」といきなりかます。「目を開いたまま寝てるんじゃないか」と目の大きいのをネタにされていたポールを茶化した曲名や決めのフレーズだけではなく、「お前は死んだとファンが言ったのは正しかったぜ」「お前の功績は〈Yesterday〉だけだ。解散後の今じゃ〈Another Day〉しかない」と続けざまになじったのだ。

『IMAGINE』ではほかにも「Crippled Inside」で"Nigger"と同じぐらい強い"Crippled"(「不具な」の意)という言葉を用い、ポールをやりこめている。ここで興味深いのは、「How Do You Sleep?」と「Crippled Inside」の2曲にジョージが参加し、それぞれ印象的なスライド・ギターとドブロを披露していることだ。

さらにジョンは、アルバムのおまけでもポールに"メッセージ"を送った。これも有名な話だが、『RAM』のジャケットでポールが羊の角を押さえているのに対し、ジョンは豚の耳を押さえた同じポーズのポストカードを付けたのだ。無邪気の中の邪気。これもジョン一流の持ち味と言っていいだろう。

アルバム『IMAGINE』で最も重要なのはタイトル曲。そう断言しても、異論はないはずだ。ビートルズの代表曲は「Yesterday」――というのと同じ意味合いで、ジョンの代表曲は「Imagine」であり、だからこそ「ジョン＝愛と平和の人」というイメージが圧倒的に強い。だが、それはあくまで一面的な見方だ。ジョンほど人間臭く、危なっかしく、内に狂気を秘めてる気分屋はいない。少なくとも言動や思考を深く追っていくと、そう思わざるを得ない。

しかも「Imagine」は、ジョンのソフトな歌いまわしやサウンドのまろやかさに加えて、メロディがいいので、理想郷を描いた柔和なイメージが持たれているが、歌われている内容は過激だ。天国も地獄も国も宗教も所有するものもないと「想像せよ」と歌っているのだから、「キリスト発言」以上に厄介な曲だと思う。ジョンの言葉をもじって言うなら、「政治的なメッセージにハチミツを思い切りぶっかけた曲」ということだ。

8月31日にニューヨークに渡り、しばらくセント・レジス・ホテルを常宿としていたジョンとヨーコは、9月2日に水原健二氏の取材を再び受け、発売直前のジョンの『IMAGINE』とヨーコの『FLY』について語った。

前日にジョージとディランの訪問を受けたというジョンの話を受けて、ディランについて訊かれたジョンが、「彼はとても恥ずかしがり屋だ」と答えているのが興味深い。ハイライトは、ジョンが1月に観た歌舞伎の物真似をしている場面である。この取材音源は、「ジョン・レノン&ヨーコ・オノ　特別インタビュー　1971年9月2日（ニューヨークにて）」のタイトルの7インチ仕様のEPとして、2人のセカンド・ソロ・アルバムに添付されたはがきを送ると、抽選で1000名に当たるという非売品として配布された（こちらも『ダブル・ファンタジー ジョン&ヨーコ』展で会場限定発売）。

『IMAGINE』に関しては、全曲を映像化した『IMAGINE・THE FILM』も併せて制作された（72年12月にアメリカで放映）。広大なティッテンハースト・パーク内の一室で白いピアノを弾きながら「Imagine」を歌う映像が有名だが、ジョンの大写しの顔を見て思い浮かぶのは、映画『LET IT BE』で同じくタイトル曲を歌うポールである。ジョンとポールには、2人にしかわからない〝暗号〟のようなやりとりがあるが、これもそうなのかもしれない。この映像集にはヨーコの『FLY』収録曲も含まれており、2人のシュールな映像感覚が楽しめる（20年10月に『IMAGINE』のタイトルで日本で初めて劇場上映された）。

2人は、10月16日にグリニッジ・ヴィレッジのバンク・ストリート105番地にあるアパートに移住した。

「アメリカ人でなく、グリニッジ・ヴィレッジに生まれなかったことをとても悔んでいる」とか「リヴァプールを離れて以来、ニューヨーク以外のところを故郷とみなしたことはない」というぐらい、ニューヨークに憧れていたジョンは、このあと二度とイギリスに戻ることはなかった。

「最初はグリニッジ・ヴィレッジという、芸術とかを求めて、何にも知らない連中が集まる地区に来た。学生とかアーティストとか老詩人とかが住んでいるんだ。そしたらヨーコが『ここなら道を歩けるわよ』って言うんだ。それで歩いてみたけど、いきなり誰かが何か言うとか、飛びかかってくるんじゃないかとか、びくびくしていて、それがなくなるのに2年かかったよ。今は普通にレストランにも入れる。サインをねだられたり、挨拶をさ

ニューヨーク、グリニッジ・ヴィレッジの自宅アパートにて
（1971年10月頃）

れたりしても、決してこっちを困らせたりはしない」

ジョンとヨーコはグリニッジ・ヴィレッジで新左翼活動家ジェリー・ルービンと知り合い、彼を介してアビー・ホフマン、レニー・デイヴィスらとの交流を深めていく。３人は68年8月にイリノイ州シカゴで行なわれた民主党全国大会でベトナム反戦デモを行ない、逮捕・起訴されたシカゴ・セヴンのメンバーだった。以後ジョンの音楽活動は政治運動との結びつきを強めていったが、ビートルズ時代から歯に衣を着せぬ発言をし、しかもそれが若者に大きな影響を及ぼすことを危惧したニクソン政府は、ジョンと新左翼文化人との交流に目を光らせていた。

その間、ジョンは10月にヨーコの個展「ディス・イズ・ノット・ヒア」にゲスト・アーティストとして参加し、12月には「ヨーコと一緒にやった初めてのポップ・ソングだったかもしれない」という「Happy Xmas（War Is Over）（ハッピー・クリスマス〈戦争は終った〉）」を発表するなど、ヨーコとの結びつきをさらに深めていった。

ここでアメリカ政府は、ある行動に出た。12月10日にミシガン州、アン・アーバーのクライスラー・アリーナで行なわれた「ジョン・シンクレア・ベネフィット・コンサート（テン・フォー・トゥー）」でのメンバー全員の発言や歌詞をＦＢＩに書き留めさせ、その報告書を、〝抗議デモからニクソン大統領を守るため〟という名目で、ＦＢＩ長官のジョン・

エドガー・フーヴァーに送ったのだ。

ジョンとヨーコも負けてはいない。72年1月13日（収録は71年12月16日）に「デヴィッド・フロスト・ショウ」に出演し、デヴィッド・ピール＆ザ・ローワー・イースト・サイドをバックに「Attica State」「The Luck Of The Irish」など〝政治色〟の強い新曲を披露したが、これに対し、1月21日にFBIが国家安全保障上の理由でジョンの身辺捜査を開始した。その際、ストリート・ミュージシャンのデヴィッド・ピールがジョンに似ていたので、ジョンの監視記録ともいうべき「FBIファイル」のジョンの写真が間違ってピールになっていた、という笑える（笑えない？）話がある。さらにアメリカ上院のスタッフが〝ジョン・レノンは新左翼文化人との交流がある〟というメモをストロム・サーモンド共和党議員に渡し、同議員は2月4日にジョンの国外退去処分を進言するメモを司法長官ジョン・ミッチェルに送るなど、ジョンとヨーコを監視し続けた。

それでも平和を求める2人の活動は衰えることはなかった。ニューヨークで知り合ったエレファンツ・メモリーをバックにテレビ番組での演奏やチャリティ・イベントなどを5月まで断続的に行ない、その間の2月16日に出演した『マイク・ダグラス・ショー』では、憧れのチャック・ベリーとの共演も果たした。また、2月29日にジョンとヨーコの半年間の滞在ビザが切れたあと、一度は15日間の延長が認められたものの、3月6日にアメリカ移民局によりビザ延長が取り消された。政府は、68年11月28日のイギリスでの大麻不法所持による有罪判決を理由に、3月16日にジョンに国外退去を命じたのである。

「やつらは革命を元から絶とうとしているんだ。政治家は革命を好まない。僕らをバラバラに分断するのが連中の狙いなのさ」（ジョン）

アメリカ永住権をめぐるジョンと政府との4年に及ぶ闘いがこうして始まった。

5月5日に『ディック・キャヴェット・ショー』に出演したジョンとヨーコは、「FBIに尾行され、電話が盗聴されている」と訴えた。FBIの尾行はエレファンツ・メモリーのメンバーや、交流のある写真家ボブ・グルーエンにまで及び、スタジオの電話まで盗聴されたという。

「ドアを開ければ通りの向こうに男が立っているし、車に乗れば堂々とつけてくるんだ。僕が神経過敏になったのはそのせいだ。〝お前は追われているんだぞ〟って気づかせたかったのさ。テレビで喋った翌日は、誰もいなかった。夢でも見ていたんだろうか？　いや、そうじゃない」

そんな激動の最中に制作され、6月12日に発売されたのが、ヨーコとの共作・共演アルバム『SOMETIME IN NEW YORK CITY』である。リチャード・ニクソンと毛沢東が裸で踊っている合成写真が使われたジャケットが物議を醸したが、その新聞仕立てのジャケットに表わされているように、「Sunday Bloody Sunday（血まみれの日曜日）」や「The Luck Of The Irish」の題材となった北アイルランド紛争のような政治的時事ネタを、「The Ballad Of John And Yoko」や「Instant Karma!（We All Shine On）」と同じく即効性のあるうちに聴かせようという意図が2人にはあったのだろう。ほかにも、差別反対を歌った「Woman Is The Nigger Of The World（女は世界の奴隷か！）」やプロテスト・ソング「Attica State」「John Sinclair」をはじめ、ジョンのアルバムの中で最も〝政治的〟な作品となったが、ジョンの当時の心境や状況を思えばこれは必然でもあった。

アルバムからの先行シングルとなった「Woman Is The Nigger Of The World」には、ジョンらしいエピソードがある。〝Nigger〟という言葉が元でアメリカで放送禁止となったのを受けてジョンは、「どうしても曲を聴きたい人はここにどうぞ」と、放送禁止にしたラジオ局の番号を宣伝したという。アルバムにはエレファンツ・メモリーが起用され、前作『IMAGINE』の緻密な構成とは正反対と言ってもいいラフなサウンドを聴かせている、後にジョンは「政治的躁状態だった」と語り、ヨーコも「やりすぎだった」とこのアルバムについて振り返っているが、直感に頼って行動することで道を切り開いていこうとするジョンの行動様式を端的に伝える意義深い作品として聴き逃せない。

8月30日、ニューヨークのマディソン・スクエア・ガーデンで「ワン・トゥ・ワン・コンサート」が開催された。これはジョン・リンゼイ市長の提唱によって行なわれた最大のチャリティ・コンサートともなった。またリンゼイ市長は、4月にジョンの国外退去令を破棄する文書を移民局に提出するなど、ジョンをアメリカに留まらせるために骨を折った人物の一人だった。リンゼイは言う――。

「この街には、偉大な才能を受け入れてきたという歴史があります。こういう芸術家をごり押ししてでも追い払わなくてはならない理由が、私にはわかりませんでした。ジョン・レノンはわが国で歓迎されているということを彼に示したかったのです」

コンサートは昼夜2回行なわれ、エレファンツ・メモリーとジム・ケルトナーをバックにジョンとヨーコは計14曲を演奏した。

観客による「Power To The People」のシュプレヒ・コールを受けて始まる「New York City」から、スティーヴィー・ワンダーやロバータ・フラック、シャ・ナ・ナら共演者とともにレゲエのアレンジで披露された「Give Peace A Chance」まで、ジョンの迫力たっぷりの演奏が楽しめる。2曲目の「It's So Hard」の演奏後にジョンが「うるさくないかな。リハーサルへようこそ」などと言ったり、「Mother」を演奏中に首を傾げたりと、前半は久しぶりの人前でのステージで自信のない様子が見てとれるが、「Come Together」以降は盛り返し、「Cold Turkey」やプレスリーの「Hound Dog」になるとようやく本領発揮、絶妙のシャウトを聴かせている。「Well, Well, Well」などはよく演奏されたと思うが、全体的にハードな曲で固めた構成には、『SOMETIME IN NEW YORK CITY』発売直後のエネルギッシュなジョンの姿が投影されている。このソロ唯一の大々的なコンサートの模様は、『LIVE IN NEW YORK CITY』のタイトルで86年に発売された。

73年はジョンの人生における大きな転機となった。暴力では何も生まれず、〝政治的〟であることが音楽の妨げになると悟ったジョンは、いわゆる新左翼文化人と袂を分かつ。「(ジェリー・)ルービンや(アビー・)ホフマンは決して笑いを欲しがらず、ひたすら暴力を欲していた。僕は決して暴力には走らなかった。歌の文句じゃないけれど、僕には〝愛こそはすべて〟で、これこそ究極の政治理念だったんだ」

そうして辿り着いたのが、領土も国境もパスポートもない理想国家〝ヌートピア〟の提唱だった。73年3月にふたたび国外退去を命じられたジョンは、「4年目の結婚記念日を迎えたばかりで、まだ別々のベッドで寝る準備が整っていない」とジョークで応じた。そして4月1日、ヨーコとともにニューヨークで記者会見を開き、空想の国家〝ヌートピア〟誕生を宣言した。これは「Imagine」の思想をさらに押し進めたもので、その想いは、

10月31日に発売されたアルバム『MIND GAMES（ヌートピア宣言）』のタイトル曲として結実した。

ビートルズ時代の「Revolution」（68年）に始まるジョンの社会的メッセージ・ソングの曲調は、年を経るごとにバラード・タイプへと変化していったが、それは、ジョン自らの心境が積極的なものから理想を夢見るものへと変わっていったのに呼応しているものでもあった。とはいえ、「666（悪魔）」や「ルーシー（ルシファー）」に言及した「Bring On The Lucie（Freda Peeple）」のような〝本気〟の曲を収めるあたりは、「世界は狂人に支配されている」と喝破したジョンならでは、である。

そして2人は5月にダコタ・ハウスに居を構えた。だが、居住権をめぐるアメリカ政府との闘争などが原因で精神的ダメージを受けたジョンは、『MIND GAMES』発売直前の9月、ヨーコに別居を言い渡されたのだ。ヨーコは言う。

「2人ともまだ若くて魅力があるのに、結婚しているというだけの理由でお互いの中に閉じこもってしまうなんて、私たちらしくないわ。離れてみて、どうなるか見てみましょうよ。ロスへ行ってみるのはどう？　ビートルズのツアーで行って楽しかったって言ってたでしょ？」

その際ヨーコは、70年12月から2人の個人秘書として働いていた中国系アメリカ人のメイ・パンにこう伝えた――「あなたがジョンと一緒になるといいと思うの。ジョンから誘われたら断らないようにね！」と。

ジョンとヨーコと親交のあるエリオット・ミンツは次のように語っている。

「ジョンが、ビートルズ時代以外に一度も訪れたことのないロサンジェルスに一人で行くなんて、とんでもない話だった。メイ・パンを同行させたのは、実際的な配慮ということ。私が思うにヨーコは、２人が親密になるのを見越していた。ジョンを知っていた彼女は大人の判断をしたんです」

対してジョンは、別居についてこんなふうに振り返っている。

「僕は野獣みたいなもんだったよ。思いやりはなかったし、彼女がそう判断したのも当然さ。『あなたがそんなふうにやりたいのなら、私はここにはいられないわ』ってね。それでふらふら遊びまわっていたわけだ。18ヵ月も続いたんだ。動物園の象みたいなもんだった。檻に入れられているのがわかっているのに、出ることができない。ビートルズ時代にハンブルクやリヴァプールでやっていた気狂い沙汰の延長だよ」

〝失われた週末〟とジョンが呼ぶヨーコとの別居はこうして始まったが、別居に至る大きなきっかけがあった。72年11月7日、ニクソン大統領が再選された日の夜の出来事だ。映画『ジョン・レノン、ニューヨーク』で、ボブ・グルーエンはこう回想している。

「ジェリー・ルービンは大統領選挙当日に集会を開いたが、レコーディングが終わった夜中の12時過ぎにはすでにニクソンが勝利を収めていた。選挙のことでいらだつジョンは酒を飲みまくった。午前2時、とりあえずジェリーの家に向かった。私たちが到着した時には、帰りそびれた2、3人がうろついているだけだった。ジョンは、一人の女性に近づくと彼女と隣の部屋に消えてしまった。選挙の翌日、リハーサルは中止になった。ジョンは遅い時刻になって無精髭を生やし、やつれた顔で現れた。徹夜でレコーディングをした後、私たちはブリーカー・ストリートのレストランに行った。朝食後、太陽が昇り始めたところで私たちはバンク・ストリートのはずれまで来ると、ハドソン川に掛かる桟橋に出た。ジョンとヨーコは静寂の中、並んで歩きながら真剣に話し合っていた」

2人の話し合い後のことだろう、ジョンはヨーコに土下座して謝罪した。ボブ・グルーエンが撮影したその時の写真は、ヨーコの『APPROXIMATELY INFINITE UNIVERSE（無限の大宇宙）』（73年）の中ジャケットや、ボブ・グルーエンの写真集『ジョン・レノン・ザ・ニューヨーク・イヤーズ』（05年）に掲載されている。『MIND GAMES』に収録された日本語タイトル曲「Aisumasen（I'm Sorry）」も、その時の出来事を歌ったものだった。

こうしてジョンは、5月から住んでいたニューヨークのダコタ・ハウスを9月18日に出て、メイ・パンとともにロサンジェルスへと向かった。

すると、しばらくして、まるでジョンがヨーコから離れて〝ひとりぼっちのあいつ〟になったのを見計らったかのように、ミュージシャン仲間がジョンの元を頻繁に訪れるようになった。ポールとリンゴや、シンシアとジュリアンも含めて、である。シンシアとジュリアンは73年12月にジョンの元を訪ねたが、その時にジョンは、ジュリアンの教育についてシンシアから相談を受けたようだ。メイ・パンによると、シンシアはジョンへの復縁も迫ったという。それだけでなく、ジョンとジュリアンは、お遊びで『WALLS AND BRIDGES（心の壁、愛の橋）』に収録された「Ya Ya」で〝親子共演〟も果たした。

そしてジョンは、それまでヨーコとともに平和運動に力を入れていたのがウソのように、レコーディングを精力的に続けていく。まずジョンは、『MIND GAMES』発売直前の73年10月から12月にかけてプロデューサーにフィル・スペクターを迎えて『ROCK 'N' ROLL』のレコーディングを行なった。少年時代に聴き込んだロックンロールを、シンガーに専念してレコーディングする——言うなれば、これはジョンにとっての新たな〝ゲット・バック・セッション〟だった。ヨーコと別れた反動、でもあったにちがいない。だが、『JOHN LENNON ANTHOLOGY』（98年）に収録されているこの時のジョンとフィルとのやりとり「Phil And John」を聴くと、〝ハメを外す〟という言葉が軟弱に聞こえるぐらい、2人のやりとりはもはや正気の沙汰じゃない。ジョンはジョンで酔っぱらいながら歌うものだから、使えるテイクはわずかしかなく、散々な仕上がりとなった。さらにフィルはスタジオの天井に向けて拳銃をぶっ放しただけでなく、12月になるとセッション・テープを持ったまま行方をくらましてしまうのだ。

フィルから『ROCK 'N' ROLL』のセッション・テープを取り戻したのは、キャピトル・レコードの副社長兼A&Rの責任者アル・コーリーだった。ちなみに、ジョンの手元にテープが戻ったのは74年6月14日。『WALLS AND BRIDGES』のリハーサル・セッションの初日だった。ジョンは『WALLS AND BRIDGES』の制作を優先し、完成後の10月21日から25日にかけて『ROCK 'N' ROLL』のレコーディングを再開し、自らのプロデュースでアルバムを仕上げた。

ジョンとフィルだけでなく、ジョンとニルソンにも有名な〝酔いどれ〟エピソードがある。74年3月12日（正確には3月13日0時20分頃）、ニルソンと行ったロサンジェルスのトルバドール・クラブで、ステージ上のスマザーズ・ブラザーズ（トミー・スマザーズは「Give Peace A Chance」に参加）に暴言を吐き、クラブからつまみ出されたのだ。ジョンは14日にニルソンとの連名でクラブに謝罪の花束を贈ったそうだが、その時の乱痴気騒ぎは、ジョンに言わせるとこうなる。

「どん底だった。ヨーコと別れて、毎日死ぬほど飲んだくれていた。本当に惨めだった。

やけ酒に溺れて人間としての芯を失くしてしまったようだった。生き残ったのが不思議なくらいだよ。意識せずに命を落としていたかもしれなかった。トラックの下敷きになることだってあったかもしれない。73年には、走る車の前に飛び出したこともあったけど、そんなことくらいしかできないんだ。若きスーパースターとして人生を歩んできたから、僕が通りにさまよい出ようものなら、ポールかブライアン・エプスタインかツアー・マネージャーが部屋に連れ込んで注意したものさ。ヨーコと別れた時には〝ダメだ〟と言う人間が周りに誰もいなかったから、極端に走ってしまったんだ」

エリオット・ミンツによれば、ロサンジェルスでジョンが悪酔いしたのは十数回にも及んだという。当時ジョンは、プロデューサー、ルー・アドラーの借家にメイ・パンと住んでいたが、あるとき酔っぱらって凶暴になり、壁に掛かっていたゴールド・ディスクを叩き割り、花瓶をステンドグラスの窓に投げつけ、部屋じゅうをメチャクチャにしたそうだ。しかも駆けつけたエリオット・ミンツに向かって、エプスタインを「ホモのユダヤ人」とからかったときと同じく、「そこのユダヤ人を追っ払え」と叫んだという。翌日ジョンはほとんどなにも覚えていなかったというから、全く始末に負えないほどだった。ジョンも認めているように、ビートルズのメンバーか関係者やヨーコがすぐ近くにいないと、何をしでかすかわからない。ジョンは常に不安定な存在だった。

ニルソンをデビューした時から気に入っていたジョンの思いは、この時期にようやく実現する。ジョンは、ニルソンのアルバム『PUSSY CATS』のプロデューサーとなり、74年3月28日にリンゴ、キース・ムーンらとロスのバーバンク・スタジオでレコーディングを開始した。そうしたらなんと、ニルソンとのセッションの初日（3月28日）、たまたまニューヨークに来ていたポールとリンダが子どもたちと一緒にスタジオに顔を見せたのだ。ビートルズ解散後に2人が顔を合わせたのは、71年12月末にニューヨークで会って以来のことだった。その時はビジネス上のやりとりだったが、今回は違う。顔を合わせたただけではなく、そこに居合わせたメンバーとジャム・セッションも始めたのだ。

これが、ビートルズ解散後のジョンとポールの唯一の〝共演〟となった。〝74年のジョンとポール〟のやりとりは、刺激的で面白い。たとえば「Stand By Me」をやる前にジョンが「マッカートニーがハーモニーとドラムだぜ！」と叫び、ジョンのヴォーカルとポールの合の手が入る場面がある。2人はどんな表情で演奏していたのか？　思い浮かべるだけでぞくぞくする。この時のことをジョンは「総勢50人ほどの人たちはみんな俺とポールを見ていたな」と75年に振り返り、ポールも07年に「あの連中に加われて楽しかったよ。僕はドラムを叩いたと思う。ジョンに会えてよかった。ハリー（・ニルソン）とジェシ・エド（・デイヴィス）にも会えてよかった。愛すべきクレイジーなやつらさ」と振り返っている。
久しぶりに顔を合わせた2人のやりとりも、絶妙と言うしかない。
「ヴァリアント・ポール・マッカートニーかい？」（ジョン）
「サー・ジャスパー・レノンさんですよね？」（ポール）
「ヴァリアント」と「ジャスパー」は、ビートルズが63年のクリスマス・ショーで寸劇を披露した時の2人の名前である。〝ゲット・バック・セッション〟で「Two Of Us」を演奏中にエヴァリー・ブラザーズのドン&フィル兄弟になりきったり、「The Ballad Of John And Yoko」を2人だけでレコーディングした時にドラムを叩くポールに「もうちょっと速めにな（または〝ちょっと速かったな〟）、リンゴ！」と声をかけるジョンに「オーケー、ジョージ！」とポールが返したりしたのと同じ掛け合いが、74年にもあったというわけだ。こういう2人の〝ツーカー〟なやりとりを目の当たりにしたら、たとえジョージやリンゴであろうと、その「間」に入ることはできない。そのくらいジョンとポールの関係は強く深い。
演奏だけでなく、メイ・パンが4月1日にプールサイドで撮影した、ビートルズ解散後唯一のジョンとポールの〝2ショット〟写真もある。この時期の写真は、メイ・パンの写真エッセイ集『ジョン・レノンロスト・ウィークエンド』（08年）で見ることができる。

その後ジョンは、6月からの3ヵ月間、アルバム『WALLS AND BRIDGES』の制作に本腰を入れる。「What You Got」「Scared（心のしとねは何処）」「Nobody Loves You（When You're Down And Out）（愛の不毛）」をはじめ、ヨーコとの別居の辛さを歌った曲が多いが、中には「初めて2人で夜を迎えたあとに書いた曲」とメイ・パンが言う「Surprise, Surprise（Sweet Bird of Paradox）（予期せぬ驚き）」もある。テレビや夢を含め、「目にしたこと」＝実体験を歌にするというジョンの曲作りは、ビートルズ時代から一貫していた、ということだろう。架空の人物を登場させて物語風に展開させるポールの作風とは、そこが大きく異なるところでもある。

「なぜなのか？」と誰もが不思議に思うほど、ジョンは自己評価が著しく低いタイプだが、アメリカで高い評価を受けたこのアルバムについても、こんなふうに語っている。

「精神が混乱しているありさまがよく現れている。半病人の職人が作ったものみたいだ。ひらめきというものがまるで感じられなくて、アルバム全体にみじめな雰囲気が漂っているんだ」

とはいえ、『WALLS AND BRIDGES』には、ジョンとヨーコがヨリを戻すきっかけとなった曲がある。ジョンの依頼でエルトン・ジョンが参加し、最初のシングルとなった「Whatever Gets You Thru The Night（真夜中を突っ走れ）」である。74年10月4日にアルバムと同時発売されたこの曲を、しかしながらジョンは必ずしも強力な曲だと思っていたわけではない。むしろ自分のラッキー・ナンバーをタイトルに盛り込んだ「#9 Dream（夢の夢）」や「Surprise, Surprise（Sweet Bird of Paradox）」をシングルに推していた。

そんなジョンに対し、「Whatever Gets You Thru The Night」がもし全米1位になったらライヴにゲスト出演してほしいとエルトンが伝え、それが現実となったのはよく知られている話だ。ただしエルトンは、20年にイギリスで放送されたジョンの生誕80周年記念番組で、ショーンに対してこう伝えている。

「ジョンはすでにリード・パートを録り終えていたんだ。僕はとても緊張していたけど、とても楽しかったし、素晴らしいトラックだった。だから『これはナンバー・ワン・シングルになる』って言ったんだ。そしたら彼が『いやいや、これをシングルとして最初に出すつもりはない』とね。たしかキャピトルの人（アル・コーリー）が後押ししてくれた。そこで彼は『わかった。じゃあ1位を獲ったら君と一緒にステージで演奏しよう』って言ったんだ。1位になるなんてこれっぽっちも思っていなかったようだけど」

また、ジョンに会い、行動を共にするようになったことについて、エルトンはこんな興味深い発言も残している。

「僕たちには2～3年に亘《わた》る素晴らしい熱烈なロマンスがあって、あれは僕の人生においてとても重要な出来事だった。本当に僕の助けになったし、僕に大きな自信を与えてくれた。僕らはトラブルに巻き込まれたり、巻き込まれそうになったりしたことも何度かあった。でも、汚ない言葉を使ったことは一度もなかったし、彼は優しかった。僕はジョンがそういうふうになり得るのかもしれないって思っていたんだ。というのも、周りの人から『彼には気をつけなさい、人が変わることがあるから』って忠告されていたからだ。もしかするとお酒を飲みすぎたりした時にそんなふうになることもあったのかもしれないけど、僕自身は一度も彼のそんな姿を見たことはなかったよ」

そして11月28日、ニューヨークのマディソン・スクエア・ガーデンで行なわれたエルトン・ジョンのコンサートにジョンは飛び入り出演し、エルトンがカヴァーして全米1位となった「Lucy In The Sky With Diamonds」と「Whatever Gets You Thru The Night」、それにビートルズ・ナンバー「I Saw Her Standing There」で共演した。さらにジョンはアンコールにも再度登場し、エルトンの「The Bitch Is Back（あばずれさんのお帰り）」にタンバリンとバック・ヴォーカルで加わった。

「I Saw Her Standing There」を歌う前にジョンは一言「疎遠になった昔のフィアンセ、ポールの曲を歌うよ」と喋ったが、これにはちょっといい話がある。ジョンの飛び入りコンサートに行くようにとヨーコに勧めたのはポールだったと、ヨーコが10年に明かしたのだ。ポールもリンダと一緒にジョンのステージを観ていた。また、開演前にヨーコからくちなしの花と「成功を祈ります。愛をこめて。ヨーコ」というメッセージ・カードを受け取っていたため、ヨーコは現れないものとジョンは思っていたという。ただし、メイ・パンに言わせると、「まったくのでっちあげ。ジョンも私もヨーコが来ることを知っていたし、私たちが席を準備した」となるし、準備されていた席をヨーコが気に入らず、別の席に移ったという話もある。

いずれにせよ、ヨーコとの再会を機に、1年以上も続いたジョンの「失われた週末」は終わりを告げることになったのである。その時の様子について、ヨーコが「そのとき見たジョンは、私の知っていたジョンとは違って、本当に淋しそうな孤独な感じだったのよ」と言えば、ジョンは「聴衆の中に彼女がいるとは知らなかった。彼女が来るとわかっていたら、僕は行けなかっただろう。ステージから戻るとそこに彼女がいてね、お互いをじっと見たんだ。まるでインディカ・ギャラリーの場面の再現みたいで、それでその晩から僕たちはまた一緒になった。あの時期は幸福な想い出ばかりだよ」と返している。

2人は、こんなふうにも回想している。

「僕に欠けているのは、誰かと一緒に居続けることだった。だけど、世界中探したところでヨーコのような人間が大勢いるとは思わないし、その可能性があるかどうかわからない。男と女が同時に同じ知的レベルで通い合うこと、それが重要なんだ。そいつが離婚ゲームの解決策さ。離婚する時に忘れているのは、もう一度やり直さなければいけないってことだ。それを忘れて次の相手とまた同じことを繰り返して、結局また離婚することになるんだからね。ヨーコほど僕を完全に包み込める女性と出会える機会はないだろうね」（ジョン）

「ジョンがロサンジェルスにいた時、すべてを混乱させているのはジョンではなく社会だということがわかったの。ジョンが私のところに戻りたくてニューヨークに来た時、彼は〈Bless You（果てしなき愛）〉を歌い、私は泣いてしまったの。それでお互いに抱き合い泣いたのね。だけど私は『感情的にならないで』と言ったの。私が彼を受け入れればまた事件が起こってしまう。だから私は『冷静になりましょう。あとで会いましょう』って言ったの」（ヨーコ）

2人の再会後は、ジョンと「他の3人」との距離も近くなった。12月14日、ジョンは、アメリカ公演中のジョージとニューヨークのワシントン・ホテルで会い、一晩中ともに過ごした。翌15日もジョンは、ジョージのロング・アイランドのナッソー・コロシアムでのコンサートにメイ・パンと足を運んだ。

ジョージの伝記映画『LIVING IN THE MATERIAL WORLD』（11年）には、ウイングスのポールと、翌日にダーク・ホース・ツアーが終了となるジョージが並んでビートルズ解散の正式書類に同意のサインをする、とんでもない場面が出てくる。74年12月19日、場所はニューヨークのプラザ・ホテルである。ジョンは、夜のマディソン・スクエア・ガーデンでのジョージのコンサートに飛び入りすることも約束していたという。ジョンはその時のことをこんなふうに振り返っている。

「エルトンと一緒にやったのに、ジョージとは一緒にやらないなんて、ちょっと嫌味がすぎるだろ」

だが、ホテルの鼻の先に住んでいたジョンは、その日になぜか姿を現さなかった。しびれを切らしたジョージはジョンに電話をかけ、「そのクソったれなサングラスをはずして、こっちにこい！」と怒鳴りつけたという。ジョンに言わせると、「占星術師に日が良くないと言われたから」サインをしなかったそうだが、ジョージのコンサートへの飛び入り出演も当然キャンセルとなった。そこで、クリスマス休暇で遊びに来ていた息子ジュリアンが代わりに20日のマディソン・スクエア・ガーデンでのジョージの最終公演に足を運び、ジョージから「すべて水に流そう。きみたちのことが大好きだ。今夜のパーティに来てほしい」というメッセージを受け取ったそうだ。

メイ・パンは、08年10月に取材した際、その時の様子についてこう語った。

「予定されていた日にジョンがサインをしないと決めたことに対して、ジョージは激怒していたわ。ジョンはジョージの怒りも理解できていたようで、ジョージの気が済むまで怒りをぶちまけさせていたわ。ジョージならきっとその埋め合わせはあとでしてくれるはずだとわかっていたのよ」

20日の公演にはポールとリンダも変装して顔を見せ、打ち上げにはジョン&メイ・パン、ポール&リンダらが顔を出し、解散後初めて、ジョン、ポール、ジョージの再会が実現した。ジョンとジョージが翌21日にニューヨークのラジオに出演した際の〝ツーショット〟写真もある。そしてジョンは、メイ・パン、ジュリアンと3人でフロリダにクリスマス休暇に向かい、29日、アップルの弁護士から届いたビートルズ解散の書類にようやくサインをした。ビートルズ解散を現実のものとして受け入れたくないジョンの心情が、この時にも垣間見られた、とみていいだろう。

75年1月9日、ロンドン高等裁判所は70年12月のポールの解散要求を認め、こうしてビートルズの解散が法的にも決まった。

75年1月には、こんな面白いエピソードもあった。ポール・サイモンと6年ぶりにレコーディング予定だったアート・ガーファンクルと食事をした際、ジョンはアートに「オレの〝ポール〟からもニューオリンズから電話がかかってきたけど、どうしたらいいかな」と伝えたという。ガーファンクルはこう答えた――「ジョン、個人的な問題はおいといて大いに楽しむといいさ」と。関係者の回想を集めた映画『BEATLES STORIES（ビートルズと私）』（11年）でもガーファンクルは、75年3月1日の「グラミー賞の授賞式の後に（デヴィッド・）ボウイと一緒にダコタの自宅に誘われ、『君はポール・サイモンと再結成したけど、オレもポールに一緒にやらないかと言われている。やってみてどうだったかい？』と訊かれた」と振り返っている。

さらに言えば、「ポールとまた曲を書き始めるのっていいアイディアだと思うかい？」とジョンに訊かれたとメイ・パンもテレビ映像作品『BEATLES' BIGGEST SECRETS』（04年）で喋っているし、アップルの元広報担当のデレク・テイラーもジョンから、デヴィッド・ボウイの「Across The Universe」を手伝いに行き、そのあとニューオリンズでポールとリンダに会うかもしれないという手紙を受け取ったという。ジョンとポールがここまで急接近したのは、ジョンの横にいたのがヨーコじゃなかったから、なのだろう。しかしその直後、ダコタ・ハウスに戻ったジョンは、そのままヨーコと元のサヤに納まった。こうしてニューオリンズ行きは中止となり、ジョンとポールの共作も含む『VENUS AND MARS』（75年）への参加の可能性も消えたのだった。

「隣の芝生は青いと考えるのもいいが、隣へ行ってみたら同じ芝生だったというだけのことさ」と、75年2月1日にダコタ・ハウスに戻ったジョンは語った。

「僕らは、遅かれ早かれ、たとえ5年後であっても、また一緒になるだろうとお互いに考えていたんだと思う。だからこそ、離婚に悩まされたりしなかった。彼女にもう一度受け入れてもらえたのが、とにかく嬉しくてたまらない。帰ってもいいと言ってくれたんだからね！」

ただし、ヨーコはジョンにいくつかの条件を出した。これからはもっと大人らしくふるまうこと、酒を飲まないこと、頻繁に一人旅に出ること、自虐的な性格を直すこと、などである。ヨーコの申し出に従い、ジョンは生活習慣を改め、新たな自己を築いていく。

ジョンはその決意を次のように語っている。

「〝75年に蘇る〟が僕の新しいモットーだ。自分は生きていくんだと僕は決意した。ずいぶん時間がかかったけど、僕は生きることに取り組んでみたいんだ」

また、74年に「60歳になってから賞なんて欲しくないよ。若いころ素晴らしかったなんて言われたくない」と言っていたジョンは、75年に、こんなコメントを残している——「僕には60歳で児童書を書くというビジョンがずっとある」

そして間もなくヨーコは妊娠。まさに2人の新しい門出を祝福する出来事だった。ヨーコとの生活に落ち着きを取り戻したジョンは、「別居は何の足しにもならなかった。別居がもたらしたのは狂気に過ぎなかったんだ。僕はまるで頭のないニワトリみたいなものだった」という声明を3月に発表。これは、2人が別れたことを喜んでいた一部マスコミに対するジョンの回答でもあった。

4月18日、ジョンはニューヨークの高級ホテル、ウォルドルフ＝アストリアで開催されたテレビ・ショー『サリュート・トゥ・サー・ルー〜ザ・マスター・ショウマン』に出演し、9人を従えて「Slippin' And Slidin'」「Imagine」「Stand By Me」の3曲を演奏した（「Stand By Me」は未放送）。バック・ミュージシャンは、それぞれ後頭部に同じような顔を付けた奇妙な出で立ちで登場したが、その様子は、ジョンがハイスクール時代に描いた奇抜な絵にそっくりだった。しかもドラムのロゴに書かれた"BOMF"というバンド名は、"Brothers Of Mother Fuckers"の略称である。63年の〝宝石ジャラジャラ発言〟に続いて、自分が演奏するのに不似合いな会場での出演に一発かましたということだろう。しかも結果的にこれが、ジョンの最後のライヴ・パフォーマンスとなった。それでもジョンは、ユーモアを忘れない。「Imagine」の最後の歌詞"And the world will be as one"を歌い終わった後に、"one"に引っ掛けて"two, three, four"と呟いているのだ。こういうちょっとしたところにジョンの言葉感覚の面白さが垣間見える。

9月23日にはヨーコの妊娠を理由にジョンの国外退去命令が差し止められ、10月7日にニューヨーク最高裁は「大麻不法所持による有罪判決は国外退去の理由にはならない」と国外退去命令を破棄。4年に及ぶジョンとアメリカ政府との闘争に終止符が打たれた。

ヨーコはジョンとの子どもを二度流産（68年11月21日と69年10月12日）していたが、75年10月9日、奇しくもジョンの35歳の誕生日に息子ショーン・タロウ・オノ・レノン（Sean Taro Ono Lennon）が誕生した。ジョンはその喜びを「エンパイア・ステイト・ビルよりもハイな気分だ」と表現した。「ショーン」の名付け親はエルトン・ジョンで、ミドルネームの「タロウ」は、日本名を持つべきだとジョンが言ったため、ヨーコが付けた。ダコタに戻ったジョンは真っ先にミミに連絡した。

「ショーンって名前にしたんだ。アイルランド語でジョンのことだよ、ミミ。でも心配しないで。この子は国際的に育てて世界の市民にするから」

ショーンが生まれたあと、10月20日にベスト盤『SHAVED FISH（ジョン・レノンの軌

ニューヨークのウォルドルフ=アストリアで開催
されたテレビ・ショーに、"BOMF" を従えて登場
(1975年4月18日)
©Allan Tannenbaum/Getty Images

跡〈シェイヴド・フィッシュ〉』を発表し、ジョンはそれまでの音楽活動にひとつの区切りをつけた。

こうしてジョンは、家族との生活を最優先にし、子育てを理由に音楽家から主夫へと転身した。主婦ならぬ主夫（ハウス・ハズバンド）という言い方も耳慣れない時代の、ジョンのあまりに大胆な変わり身の早さ。それもまたジョンらしい＝ポールにはできない生き方だと改めて思う。

とはいえ、ジョンは〝他の3人〟との交流を絶ったわけではない。ポールがリンダとともにダコタ・ハウスを定期的に訪ねることもたびたびあった。ジョンとヨーコと長年親交があった（ヨーコとは今でもある）写真家ボブ・グルーエンに18年8月にインタビューした際、興味深い話が飛び出した。

「あれは12月の、ちょうどクリスマスが近づいていた時期だった。75年か76年……はっきりとは覚えていないけど、ショーンが生まれた後だったのは間違いない。ジョンに連絡したら来てくれと言われたので、ベッドルームでテレビを観ていたら、ドアベルが鳴ったんだ。ダコタはセキュリティがものすごくしっかりしているし、ガードマンも3、4人はいるし、ドアを3つも開けないと建物の中には入れない。それなのにいきなり鳴ったので、警察かもという話になって、『ちょっと見てきて』と2人に言われた。二重扉になっている最初のドアを開けたら、クリスマス・キャロルを歌ってる声が聞こえたんだ。"We wish you a Merry Christmas, We wish you a Merry Christmas"ってね。それで2人に向かって『大丈夫、子どもが歌いながらピンポンしたんだと思うよ』と。住んでる子どもの仕業だろうと。で、ドアを開けたら、ポールとリンダが立っていたんだ！　もちろん歌っていたのは僕にじゃなくて、ジョンとヨーコにだよ（笑）。ポールはずーっと歌いながら部屋に入ってきた。ジョンとヨーコもすごく喜んでいたよ。ジョンとポールは高校時代の友だちみたいにハグして、お互いがほんとに好きなんだなあってことがわかった。リンダとヨーコもとてもフレンドリーだったよ。それを見たら、カメラを手になんてできなかった。撮ってくれと言ってくれるのを待ってたんだけどね（笑）」

――どのくらい一緒にいたんですか。

「1時間半ぐらいかな。来てすぐに帰るという感じじゃなくて、紅茶を飲んだりしながら、普通に話をしてたよ。日本の話をしたのを覚えている。ポールがオーストラリアのツアーから戻った直後で、日本のビザがとれなかったとか……」

――じゃあ75年ですね（ウイングスの日本公演中止決定は75年11月10日）。

「日本に入れなくてすごくがっかりしたと。ビートルズで行った時にとても好きだったからまた行きたかったけど、とヨーコに話していた」

Chapter 5
1976-1979

主夫時代のジョン・レノン

ビートルズの法的解散は、アップル・レコードとの契約終焉を意味していた。

76年1月26日にレコード会社との契約が切れたジョンは、どこの会社とも契約を結ばず、過去15年間で初めて〝自由の身〟となった。以後、リンゴに贈った「Cookin（In The Kitchen Of Love）」のセッションに参加したほかは、表立った音楽活動を全く行なわず、家事とショーンの育児に専念する主夫生活へと入った。4月1日に父フレッドが63歳で亡くなったことも、ジョンが子育ての重要性を意識するきっかけになったのかもしれない。主夫となった理由について、ジョンは次のように語っている。

「僕には仕事と家庭は両立しないように思えた。ヨーコとの関係や子どものことのほうが、みんなに見られることよりもずっと大事に思えたんだ」

だが、家庭人として〝再出発〟しようというジョンの思いとは裏腹に、「元ビートルズ」への世間の関心は、変わらず強かった。特にビートルズ再結成の話題は、76年以降も、たびたびマスコミを賑わせるようになる。たとえばこの時期には、こんなエピソードがあった。ダコタ・ハウスのジョンを定期的に訪ねていたポールとリンダが、76年4月24日にたまたまアメリカのテレビ・コメディ番組『サタデイ・ナイト・ライヴ』をジョンと一緒に観た。そうしたら、プロデューサーのローン・マイケルがビートルズ再結成の報道過熱をからかうつもりで、ビートルズが番組で一緒に演奏したら3000ドルを支払うと申し出た。そこで2人はタクシーで局に向かおうと考えたが取りやめたそうだ。2人の関係は変わらず良好だったのがわかる。ただし、「連絡なしにギターを抱えてやって来たポールに門前払いを食らわせた」とジョンが80年に言っていたのは、この翌日の出来事だった。

さらに9月20日付の『ニューヨーク・タイムズ』にシド・バーンスタインが、ビートルズの再結成コンサートに2億3000万ドルを支払うという広告を出した。シドは、ビートルズの64年と65年のアメリカ公演を仕切った人物で、この時期、ジョンとヨーコがセントラル・パークを散歩している時によく出会ってもいた。彼の要請に対してジョンは、こうコメントした。

「なぜビートルズが、もっと何かを世間に与えなきゃならないんだ。10年間にすべてを与えたんじゃないのかい」

「ビートルズに戻るのは、学校に戻るようなものだ」

その間の7月27日、アメリカ永住権が認められ、グリーン・カードをついに手にしたジョンは、次のような声明を発表した。

「妻のヨーコに対して、4年間に亘って私の面倒を見てくれたこと、私を引っ張っていってくれたこと、そして私たちの子どもを生んでくれたことを、この場を借りて感謝したいと思います」

ジョンは、77年から79年にかけて、ヨーコとショーンとともに、毎年日本にやって来た。まず77年には軽井沢を中心に5ヵ月間も過ごしたが、滞在直前にはニューヨークで日本語講座を受講し、日本では、コラージュや墨絵・イラストなどを趣味的に手掛け、日本語のノートブック（練習帳）も作った。墨絵に関してはヨーコの手ほどきを受けて筆の使い方を学んだはずだが、日本語に関しても、ヨーコから教わっていただけでなく、主に77年に、語学学校に週3回通い、毎回2時間の授業を受けていたようだ。

この「日本語練習帳」は、『Ai ジョン・レノンが見た日本』として90年に刊行された。それを見ると、たとえば「比べる」「速い」「遅い」という単語を覚えるためのイラストをウサギとカメにしていたり、単語ごとに言葉を区切り、2種類の下線を部分的に使い分けて強調していたりと、ジョンの言語感覚と視覚化の面白さが窺える。また、"SIBUMI""SABI""WABI"などの日本独特の言い回しには、京都の古寺などをイメージさせるイラストを添えるなど、ジョンが楽しみながら日本語を学んでいた様子も伝わってくる。

この「練習帳」には、単語や言葉の意味合いだけでなく、長めの文章として理解を深める工夫も随所に見られる。中でも秀逸なのがこれだ——「知ってれば知ってるほど、話したがらない。／知らなければ知らないほど、話したがる。」（"THE MORE YOU KNOW, THE LESS YOU WANT TO TALK./THE LESS YOU KNOW, THE MORE YOU WANT TO

ニューヨークのナイトクラブ、コパカバーナにて
（1976年10月13日）

TALK.")

軽井沢で行動を共にしたエリオット・ミンツによると、ジョンはサイクリング、水泳、ヨガを楽しむ毎日を送っていたという。麻布の日本庭園でヨーコの親族とパーティーを開き、記念写真も撮っている。また、生きている「日本で最高のすっぽんの吸い物」を飲むように勧められ、吐き気を催すということもあったそうだ。ジョンがエルヴィス・プレスリーの訃報を耳にしたのも日本滞在中（8月16日）のことだった。エリオットから電話で知らせを受けたジョンはこう語ったという。

「ラスヴェガスでつなぎの服を着こんでゴールデン・ヒットを歌いながら、ほとんど死んでる40代になんて僕は絶対になりたくないね。彼は軍隊に行った時に死んだのさ。エルヴィスの墓に白いくちなしを2本贈っといてくれよ。『安らかに眠れ、愛をこめて、ジョン&ヨーコ』と書いて」

帰国前の10月4日、ジョンとヨーコは東京のホテル・オークラで記者会見を行なった。その時にジョンはこう語った――「ショーンが5歳ぐらいになるまでは音楽活動をしないだろう」と。

主夫生活の実態が明らかになったのは、80年の『プレイボーイ』インタビューが初めてだったと思う。リンゴの『RINGO'S ROTOGRAVURE』（76年）の中ジャケットに、箸を持つジョンの写真が掲載されたぐらいで、音楽活動はもとより、ジョンがどこで何をやっているのかさっぱりわからない。特に77年から79年までの3年間は、情報はほとんど伝わってこなかった。

「最初の半年か1年は、曲を作る生活に戻るべきだと思っていて、パニックのようになった時もあったよ。やがて僕は子どもの相手で忙しかったりして、そういった気持ちは少しずつ消えていったんだ。これは何かに似ているが、いったい何だろうって考えた。で、15歳の頃に似ていることがわかったんだよ。15の時には歌を書く義務はなかった。だから、昔へ戻ったみたいなもので、急にとても気楽にやれるようになったんだよ」

「5年間、音楽のことなどまったく考えていなかった。ギターはベッドのうしろの壁にかけたままで、手に取ろうとさえしなかった」

ジョンは80年にそう振り返ってみせたが、実際には、多くの曲を書き上げ、デモ・テープを制作していたのである。98年に出た『JOHN LENNON ANTHOLOGY』には、そうした主夫時代の音源も多数収録されている。それを聴くと、メロディの断片を寄せ集めて繋ぎ合わせながら1曲としてまとめていった曲が多いことがわかる。ジョンは曲が書けなくなっていた、という話はあながちウソじゃないかもしれないが、ポールのように一筆書きではない、という意味では、たしかにそうだったのかなとは思う。

その一方で、従来の男女の役割——いわば主人と家内の関係ではなく、ジョンは家で家族の面倒を見て、ヨーコはビジネスを取り仕切るというふうに役割分担を大きく変えた。

「私はこの子を9ヵ月お腹の中に入れてきて、この世に生み出したわ。今度はあなたがこの子の面倒を見る番よ」

出産直後にジョンにこう言い渡したヨーコは、ジョンが子育てをしている間、2人の関連会社をはじめとする事業を受け持つビジネス・ウーマンとなった。ヨーコは言う——。

「75年までは〝お金人間〟とは正反対だった。でも、私がビジネス・ウーマンになるとジョンと2人で決めてからは、お金を集めて新しい仕事をうまくやっていくためには私の精神を立て直さなきゃいけないって自分に言い聞かせたの。私たちはこう言ったの。『もし私たちがお金を手にしたいなら、これから儲けようっていうんじゃなくて、もうすでに持っているようにふるまうべきだ』って。お金に関して積極的な部分を楽しむように私の精神を本当に訓練したのよ」

ヨーコの仕事は、彼女が信じる占星術や数霊術、タロットカードの占いなどによって決められていたが、彼女の優れた直感力もものをいった。まず78年2月にシラキュースにある4つの酪農場を購入したあと、79年1月にはカイロへ飛び、エジプトの骨董品を収集するなど、2人は投資の対象を次第に広げていった。のちに、シラキュースで飼育されたホルスタインの乳牛が史上最高の金額で落札されるという、ヨーコの優れたビジネス能力を証明するような出来事もあった。

主夫時代にジョンは初めての一人旅に何度か出かけたが、それは1年半に及ぶヨーコとの別居を経験したのち、ロサンジェルスからニューヨークに戻ったジョンにヨーコが出した「飲酒を慎むこと、頻繁に一人旅に出ること、自虐的な性格を直すこと」などの条件に従ったものでもあった。77年3月に香港に一人旅に出た時にジョンは、「レコードがヒットしようがしまいが、そんな外的要素にいっさい依存しない自分」を発見したという。

78年は、6月5日から9月16日まで、東京のホテル・オークラを中心に3ヵ月滞在した。帰国後、ジョンはブロードウェイ・ミュージカル『THE BALLAD OF JOHN AND YOKO』の台本を書く準備を始めた。これはジョンがヨーコとの出会いや〝ベッド・イン〟、平和運動、政治活動、そしてショーンの誕生などを振り返ったもので、ジョンとヨーコはミュージカルのための曲作りも行なっていた。しかし、このプロジェクトは実現せず、ジョンが手掛けた脚本のみ、3冊目の著作集『SKYWRITING BY WORD OF MOUTH（空に書く――ジョン・レノン自伝&作品集）』に収録され、86年に発表された。

こうした創作活動を行なってはいても、ほとんど全くと言っていいほど公に姿を見せることがなく、沈黙を続ける2人に不満を持つ者も多かった。「早くそこから出てこいよ」と呼びかけたミック・ジャガーもその一人だった。そうした声に応えるように、79年5月27日のアメリカ・イギリス・日本の主要新聞に2人は全面広告を掲載した。

「私たちの沈黙は愛の沈黙であって、無関心の沈黙ではないことを、どうぞ覚えておいてください。（中略）目をあけて空を見てください。そこに私たちのメッセージがあります」

結果的に最後の来日となった79年は、7月28日から8月28日まで、軽井沢にあるヨーコの実家の別荘で休暇を過ごした。ジョンの日本滞在に関しては、パーソナル・アシスタントだった写真家・西丸文也氏が撮影した『ジョン・レノン 家族生活』（82年）に、主だった写真が掲載されている。77年の軽井沢での写真が多く、常宿にしていた万平ホテルや浅間山の鬼押出し園、見晴らし台、白糸の滝などでくつろぐ様子のほかに、先に触れた麻布の日本庭園での記念写真や上野動物園での写真、78年のホテル・オークラ内のプールで泳ぐ写真、79年の軽井沢での写真、さらにニューヨークでのショーンとの写真なども含まれている。主夫時代は、ジョンとヨーコの言う「愛の沈黙」を続けていた時期でもあったので、その時期の仲睦まじい家族の様子が伝わる写真の数々は、今となってみれば貴重な記録集でもある。

そして80年、ジョンとヨーコは音楽活動再開に向けて徐々に動き始めるのだ。

Chapter 6
1980

スターティング・オーヴァー

80年代の幕開けは、ビートルズ・ファンにとって、悪夢のような出来事から始まった。1月に予定されていたウイングスの日本公演が、ポールの大麻不法所持による成田空港での現行犯逮捕というまさかの事態で中止となったのだ。

対してジョンは、70年代後半と変わらず主夫生活を続け、ヨーコは、不動産事業に手を伸ばし、1月にフロリダのパーム・ビーチ、4月にロング・アイランドのコールド・スプリング・ハーバーに家を購入した。そして早速その2ヵ所を〝生活空間〟として利用し、パーム・ビーチの家で11回目の結婚記念日を祝ったり、コールド・スプリング・ハーバーでは、ジョンが「ストロベリー・フィールズ」と名付けた帆船で近くをまわったりと、ショーンとともに家族で休暇を過ごした。

ジョンがコールド・スプリング・ハーバーに着いたのは4月9日のことだったが、翌日、車中のラジオから流れてきたポールの新曲「Coming Up」に刺激を受け、その翌日も〝頭から離れない〟と言ってメロディを口ずさんでいたという。そしてジョンは4月10日にすぐさま「Dear Yoko」を作曲し、5月23日には、ケープタウンへ一人旅に出た（メイ・パンがジョンと電話で話をしたのはこの時が最後だったという）。さらに6月4日には5人のクルーとともにヨットでバミューダへと船旅にも出た。ジョンは先に一人で向かい、13日に合流したショーンと乳母と、7月末まで滞在した（6月27日から29日にかけてヨーコもバミューダを訪れた)。このバミューダ行きが、ジョンにとってひとつの大きな転機となった。

ジョンはバミューダにギター、カセット・デッキ、ドラム・マシーンを持参し、そこで「Beautiful Boy(Darling Boy)」「Borrowed Time」「I Don't Wanna Face It」「I'm Stepping Out」「Dear Yoko」「Watching The Wheels」「Serve Yourself」「Woman」「Cleanup Time」の9曲を書き、デモ・テープを作成。音楽活動再開に向けて再び歩みだしたのである。新曲ができるとジョンはダコタ・ハウスにいるヨーコに電話で聴かせ、ヨーコもそれを受けて新曲を書くという〝曲作りでの対話〟が続いた。しかも、バミューダに一人で向かった時、船長が病気で倒れてしまったため、ジョンは自ら舵を取り、九死に一生を得たという。新たな曲作りは、いわば一度死にかけたジョンが〝再生〟して臨んだものでもあった。

「息を吸い込んだら吐き出すだろ。そうしたくなったし、伝えたいメッセージがあるんだ。だから彼女と僕とでまた一緒に表現しようと思った」

もうひとつ復帰へのきっかけとなったのは、ショーンの何気ない一言だった。

「僕が有名な映画で演奏しているとショーンが知ったのは、隣家で開かれたクリスマス・パーティで『YELLOW SUBMARINE』を観た時だ。帰ってくるなりショーンは『ダディは歌を歌ってたんだね。ビートルズだったの?』って訊いてきたんだ」

こうしてジョンは、レコード制作へと具体的に歩みを進めていく。

「音楽の本質とは、突き詰めて言えばコミュニケーションとシンプルさだ」――5年間の主夫生活を経てジョンが音楽に関して到達したひとつの結論はこれだった。

7月29日にバミューダからニューヨークに戻ったジョンは、8月に入ると、ジャック・ダグラス（プロデューサー）、トニー・ダヴィリオ（アレンジャー）、ヒュー・マクラッケン（ギター）、ジョージ・スモール（キーボード）とともに、ダコタ・ハウスの自宅とニューヨークのS.I.R.スタジオでリハーサルを行なった。そしてヒット・ファクトリーにバンド・メンバーを召集し、リハーサルを重ねたあと、8月7日からニュー・アルバム『DOUBLE FANTASY』のレコーディング・セッションを開始した。アルバムは10月20日に完成し、その間の9月22日にゲフィン・レコードと契約を結んだ。ジョンによると、契約する時にまずテープを聴きたいと言ってきたところはすべて断ったという。

「昔一緒にやったことのある連中は一人残らずメッセージをくれた。すまないとは思ったけど、古巣には戻りたくはなかった。ジェシ・エド・デイヴィスやクラウス（・フォアマン）も声をかけてきたけど断った。新顔で始めたかったのさ。一人だけヒュー・マクラッケンというのがいてね。クリスマス・ソング（『Happy Christmas〈War Is Over〉』）やほかの何曲かで一緒にやった」

「昔一緒にやったことのある連中」の中には、共作を申し出てヨーコに断られたポールもいた。ジャック・ダグラスは後に「ジョンはまたポールと組んで、曲を書いてみたいと思っていた」と語っていた。またダグラスは、リンゴの新作『STOP AND SMELL THE ROSES（バラの香りを）』のためにジョンとポールが共作曲をリンゴに提供することも決まっていて、曲作りのセッションが予定されていたが、第三者のせいでキャンセルになったとも語っている。

「ジョンはポールが現れるのを待っていたが、ポールは来ないという連絡があった。ポールはポールで、ジョンは忙しすぎると聞かされていたらしい」（ジャック・ダグラス）。

バックのミュージシャンはほとんど初顔合わせだった。またジョンは、両親の仕事ぶりを見せるためにショーンをスタジオに連れて行ったほか、レコード制作中に『プレイボーイ』と『ニューズウィーク』のインタビューもこなし、新たな出発を世間に公表した。

レコーディングは9月23日に終了。レコード・プラントでのミキシング作業後、10月23日にシングル「(Just Like) Starting Over」が発売された。カップリングはヨーコの「Kiss Kiss Kiss」。5年間の沈黙のあと、ジョンとヨーコは2人の対比も鮮やかなこの2曲で、まずは再出発を高らかに宣言したのである。

「75年には書けなかった曲だ。この5年間のおかげで、自分自身のイメージから解放された。意識せずに再び曲が書けるようになったのは、喜び以外の何物でもない」

「(Just Like) Starting Over」は、エルヴィス・プレスリー、ジーン・ヴィンセント、バディ・ホリー、エディ・コクランなど、50年代のロックンロールの先達に捧げた躍動感たっぷりの音作りだった。続いてアルバム『DOUBLE FANTASY』が11月17日に発売された(アルバム名は、バミューダの植物園でジョンが目にしたフリージアの名前からとられた)。このアルバムは、ジョンが呼びかけヨーコが応えるという対話形式で成り立つ2人の久しぶりの共作・共演盤となった。

「これは僕らのファースト・アルバムなんだ。前にも一緒にレコードを作ったことがあるけど、今日以前には何も起こらなかったような気がしている」(ジョン)

初ソロ作の『JOHN LENNON/PLASTIC ONO BAND』は、生身を曝《さら》け出したジョンがソロ＝70年代へと踏み出す第一歩となった。一方、「2人一緒じゃなきゃやる意味がなかった」とジョンが言う『DOUBLE FANTASY』は、主夫生活を経たジョンが、ヨーコとともに希望の80年代へと羽ばたく新たな一歩といえるものだった。「Woman」や「Watching The Wheels」をはじめ、ビートルズを懐に入れつつも80年代を見据えた音作りは緻密で完成度が高い。何より、ジョンの潑溂としたヴォーカルは、それ以前にないほど生き生きとしている。40歳となったジョンの成熟した様子も伝わる会心作となった。

『DOUBLE FANTASY』をレコーディング中に、ニューヨークのヒット・ファクトリー・スタジオ前で
（1980年８月18日）
©David Mcgough/DMI/The LIFE Picture Collection/Getty Images

だが、発売後1ヵ月も経たずに待望の復活作が遺作になってしまうとは、誰が想像しえただろうか。

12月8日の月曜日、ジョンは朝6時に起き、朝食を採りに外出し、その後11時から、まず『ローリング・ストーン』誌用の写真撮影を行なった（アニー・リーボヴィッツによる写真は、82年11月に発売されたベスト・アルバム『THE JOHN LENNON COLLECTION』とシングル「Love」のジャケットにも使われた）。続いて午後2時からはRKOラジオのインタビューがあり、そこでジョンはこう語った。

「これまでに僕が、一夜限りでなく一緒に仕事ができたアーティストは2人しかいない。ポール・マッカートニーとヨーコ・オノだ。最良の選択だったと思っている」

さらに夕方5時30分からはレコード・プラントでヨーコの新曲「Walking On Thin Ice」のミキシング作業に取り掛かった。作業を終え、ダコタ・ハウスの正面で「ミスター・レノン？」と声をかけられ、振り向いたその時――。

12月8日午後10時50分（日本時間9日午後12時50分）、ジョンは、ハワイ出身の25歳のマーク・デヴィッド・チャップマンに撃たれて40歳で亡くなった。ジョンの再始動に対して若者への影響力の大きさを恐れるFBIとCIAによって暗殺されたとする説も根強く、皮肉にもジョンの再出発がその悲劇の引き金となってしまった。

9日午前0時30分ごろに部屋に戻ったヨーコは、ジュリアン、叔母ミミ、ポールに電話でジョンの死を伝えた。3時30分にはデヴィッド・ゲフィンを通じて最初の声明を出した。「ジョンは人を愛し、人びとのために祈っていました。どうか、同じように彼のために祈ってください」

ジョンの遺体は10日の正午過ぎに、ニューヨーク州ウエストチェスター郡のハーツデイルにあるファーンクリフ葬祭場で火葬された。また、79年11月12日にジョンが遺言状をしたためていたことも明らかになった。内容は「財産の半分を妻ヨーコに与え、残りは信託基金にする」というものだった、一方ヨーコも10日に、世界に向けて声明を発表した。「私はショーンに、何が起きたかを話して聞かせました。『デイリー・ニュース』の一面に出ていた父親の写真を見せ、状況を説明したのです。ジョンが撃たれて倒れた場所にもショーンを連れて行きました。『パパのことを好きだったのに、どうしてその人はパパを撃ったの？』とショーンに訊かれました。『たぶん彼は混乱した人だったんでしょう』と私が説明すると、『彼は混乱していたのか、それともパパを本当に殺すつもりだったのか、確かめなくちゃ』とショーンは言いました。『それは裁判所（court）が決めることなの』と私が言うと、『コートって？　テニス・コート？　それともバスケット・ボールのコート？』とショーンは聞きました。ショーンはいつもこんな調子で父親と話をしていたのです。友達みたいに。もしジョンがこの会話を聞いたら、ショーンのことを誇りに思ったことでしょう。ショーンは、そのあと泣きました。そしてこう言いました。『ダディは神様の一部になったんだね。みんな、死んだらもっと大きな存在になるんでしょ。だって、あらゆるものの一部になるんだから』

ショーンの声明に私が付け加えることはありません。黙禱式は12月14日の午後2時から10分間行なわれます。私たちも皆さまと同じ思いでいます」

12月14日、午後2時（日本時間15日午前4時）から、ヨーコの呼びかけに応えた世界中の人々が10分間の黙禱を捧げた。翌日、ヨーコは感謝の意を述べた。

「あなたの涙と祈りに感謝します。ジョンが空から微笑んでいるのが見えました。悲しみが清らかなものへと変わっていくのが見えました。私たちの心がひとつになるのが見えました。どうもありがとう」

先述したジョンの生誕80周年記念特番で、ジュリアンは当時のことをこう振り返った。

「僕は母の家に住んでいて、卒業が迫っていた。父が電話越しに〈Starting Over〉を演奏してたのを思い出すよ。父はその曲をミックスしたばかりだったんだ。僕はルシンという町にある家の屋根裏に住んでたんだけど、その曲を聴いてすごく気に入ったのを覚えてる。父の新作『DOUBLE FANTASY』にどんな期待がもてるかはわからなかったけど、新曲を聴き、どれほど気に入ったか、父に伝えたよ。その後に事件が起きたんだ」

「まさに事件の当日かその夜か、数日後かはわからないけど、真夜中に家の煙突が僕の部屋に落ちてきて、目が覚めて訃報を知ったんだ」

「（亡くなる前に）父はハッピーな場所にいて、すごく幸せで好きなことをしていて、そのとき僕に〈Starting Over〉と新作の他の曲をいくつか演奏してくれたのを聴けたことを、ただ最後の瞬間として思い出すんだ。父が幸せだったことを嬉しく思うし、他の次元で父と再び会えることを楽しみにしているよ」

12月5日のインタビューでジョンは、5年間の主夫時代の中で最も大切だと思ったことに〝ラヴ〟〝タッチ〟〝ダイエット〟を、また、自分が望むことに〝平和と静けさ〟を挙げていた。12月6日には伯母ミミに、71年9月以来となるイギリス帰国や新作のこと、それにワールド・ツアーの計画を電話で告げた。そのときミミに「ジョン、お前は失われた地平線を追い求める理想主義者だよ。お前にかかっちゃ聖人も泣いてしまうよ！」と言われたジョンは、こう答えたという。

「ミミ、そんなふうに言うなよ。すぐに会いに行くからさ、ショーンも連れて」

81年早々にはリンゴとポールのアルバムへの参加の予定があり、『DOUBLE FANTASY』に続くニュー・アルバム（『MILK AND HONEY』）の制作も順調に進んでいた。ジョンが生きていたら、間違いなくワールド・ツアーは日本から始まっただろう。ボブ・グルーエンはこう振り返っている。

「12月に世界ツアーを計画し、1月中には新作の後半を完成させる予定でね。2月にバンドを組み、ヴィデオ録りにアルバムの宣伝、そして3月末には世界ツアー開始だ。ジョンは久しぶりのイギリスも楽しみにしていたよ。友人やミミに会えるって」

日刊スポーツも80年12月10日にこう報じた――「（81年）3月4日初日の東京・日本武道館公演5回と大阪を中心に、ヨーコ夫人の『広島・京都でもやりたい』との希望も入れて10回の全国公演を予定。あとはレノン側からのGOサインが出るのを待つばかりだった。OKが出次第、年内にも発表。チケット発売をする手はずだった」

ポールの公演中止とジョンの死――80年は、ビートルズ・ファンにとって最悪の1年となってしまった。『DOUBLE FANTASY』に参加したベーシスト、トニー・レヴィンの提案で動き出したツアー話だったが、もし日本公演が実現していたら、どんなステージが繰り広げられただろうか。ジョンはきっと、MCで「日本語練習帳」の成果を披露したにちがいない。

Chapter 7
1981-1999

スリートルズ時代のジョン・レノン

ジョンの死の衝撃は、81年に入っても世界を震撼させ続け、追悼の手紙がダコタ・ハウスにも多数寄せられた。対してヨーコは81年1月18日、「感謝をこめて」と題した公開書簡ともいうべき全面広告を、「ニューヨーク・タイムズ」「ワシントン・ポスト」「タイムズ」「サンデイ・タイムズ」「インターナショナル・ヘラルド・トリビューン」「朝日新聞」など世界の主要新聞に掲載した。一部抜粋する——。

「ジョンの死に怒りを示してくださった方々にもお礼を申し上げます。私も同様の怒りを覚えております。私はジョンを護れなかった自分自身にも怒っています。私は、社会がこれ程までにばらばらに砕けるままにまかせていた自分自身、そして私たちすべてに対しても腹を立てています。もし何か意義のある『仕返し』があるとすれば、それは、愛と信頼に基礎を置く社会に、まだ間に合ううちに方向転換させることだと思います。ジョンはそれはできると思っていました（中略）。

ジョンが私のすぐ傍で倒れた時、敵がだれで、どこにいるかもわからず、ゲリラ戦の真只中にいるような気がしました。（中略）私は遺体の写真を見ました。ジョンは『イマジン』の裏表紙の写真のようにやすらかに見えました。ジョン、あなたは私に何か言おうとしているの？　私はジョンがサインをしている場面の写真を見ました。その写真はテレビに何度も何度も流されました。なぜか、この写真の方が、遺体の写真より、私には見るのが辛く感じられました。ジョンは、あの午後は急いでいました。彼はサインをしなくてもよかったのです。それなのに、彼を後になって裏切る男が見守る前でサインをしてしまいました。私はその写真を見ました。それはテレビに映された写真でしたが、ジョンは頭を前に垂れていました。もちろんサインをするためですが、しかし、それは、ジョンにしては変わった姿勢でした。そのとき、私は、ジョンが天国の門へ入るための署名をしているのだと気付きました」

ヨーコは、ジョンとともに12月8日にスタジオで作業をしていた「Walking On Thin Ice」をジョンへの追悼シングルとして2月6日に発表したのに続き、ソロ・アルバム『SEASON OF GLASS』を6月12日に発表した。ヨーコは、ジョンの1周忌となる12月8日にも銃規制を訴える広告を出したが、ジョンが撃たれた時にかけていた血まみれの眼鏡を使ったジャケットの真意はほとんど理解されず、いつもながらのエキセントリックな行為と受け取られた。

ポール、ジョージ、リンゴも、作品を通してジョンへの追悼の意を表明した。

ジョンの死を乗り越えるためにビートルズをなぞる——。そう思えるぐらい、80年代以降、ポールの意識下には常に〝ジョン・レノン〟がいた。もしかしたらそれは、ジョンの訃報について記者団に囲まれたポールの口をついて出た一言が契機になったのかもしれない。ポールがその時に発した言葉は「うんざり（"It's a drag, innit?"）」だった。誤解を招きやすい言葉だったとは思うが、ポールはポールで、それほどジョンと親しくない人が、さもジョンを知っていたかのように、そしてタイミングを見計らったかのようにジョンのことを語り出すのに対して〝うんざり〟していたのだろう。

ポールがジョンの訃報を聞いたのは、ロンドンのＡＩＲスタジオでジョージ・マーティンとデニー・レインとともに「Rainclouds」（82年のシングル「Ebony And Ivory」のB面収録曲）をレコーディングしている時だったが、それでもポールはセッションを続けた。〝演奏すること〟で〝ジョンの死〟を振り払い、気を紛らわせようとしていたのだ。

81年2月のＡＩＲスタジオでのレコーディングでも、心温まるエピソードがある。セッションに参加したカール・パーキンスがその場でポールに「My Old Friend」という新曲を聴かせたら、曲が終わった時にポールは泣いていたという。リンダはその時のことをこんなふうに振り返った。

「ジョンが最後にポールにかけた言葉を知っている人はこれで3人になったわ。ジョンがダコタの廊下で、ポールの肩を叩きながら最後に言った言葉は『たまにはオレのことも思い出してくれよ、オールド・フレンドなんだから』だったの」

そしてポールは、ようやくジョンへの思いを、面と向かって初めて本心から伝える曲を書き下ろした。『TUG OF WAR』（82年）に収録された「Here Today」である。しかもポールは、ビートルズ時代にジョンにこき下ろされた「Yesterday」にそっくりのメロディに、自分の思いを乗せたのだ。

ジョージにとってジョンが兄貴分だったのは間違いないが、ジョンが亡くなる前、2人の関係はギクシャクしていた。ジョージが自伝『アイ・ミー・マイン』でジョンについてほとんど触れなかったことで、ジョンは、自分への感謝の記述がいっさいなく、「どうでもいいセッション・ミュージシャン」ばかり褒め称えていることに激怒したのだ。ジョージは新作『SOMEWHERE IN ENGLAND（想いは果てなく〜母なるイングランド）』のレコーディングを80年9月23日までフライアー・パークの自宅スタジオで断続的に行なっており、9月26日のモンティ・パイソンのコンサートに足を運んだ時に、その場に居合わせたジョンとヨーコに新作のカセット・テープを手渡したという。ジャケットも出来上がり、発売も11月2日に決定と、ここまでは順調に進んだ。だが、配給元のワーナー・ブラザーズから、前作の売上不振を理由にアルバムの作り直しを要求され、もっとノリの良い曲を収録するようにと、具体的に4曲の差し替えを要求された。同じワーナーから発売される

『DOUBLE FANTASY』と発売時期が重なるのを避けたほうがいい、という判断もあったにちがいない。要求を受け入れたジョージは、アルバムの再録音を開始。この時期にリンゴから新作『CAN'T FIGHT LIGHTNING』用の曲を依頼されていたため、11月19日から25日にかけてリンゴとのセッションにも臨んだ。同時に、映画『TIME BANDITS（バンデットQ）』の主題歌用の新曲「Dream Away（オ・ラ・イ・ナ・エ）」（次作『GONE TROPPO』に収録）の録音も12月7日に開始した。だが、その翌日にジョンの訃報を知り、セッションは中断。レコーディングに参加していたアル・クーパーによると、「彼を酔わせるだけ酔わせ、もうネタがなくなるまで一緒に演奏を続けた」という。ジョージに電話をしたのは、アップルの元広報担当でジョージと交流の深いデレク・テイラーだった。ジョージはこのタイミングで声明文を出すことを拒否したが、マネージャーのデニス・オブライエンに説得され、デレクとの連名で声明文を公表した。

「僕ら2人の間にはいろいろあったが、彼には大きな愛情と敬意を払っていたし、それは今も変わらない。僕はショックを受け、愕然としている。生命を奪うというのは、人生における究極の強奪だ。他人の空間に対するこの永久的な侵犯は、銃の使用によって行き着くところまで行ってしまう。他人の生命を奪えてしまうほどの憤怒が生じるのは、明らかに、自分の人生をきちんと整理できていない証拠だろう」

そして、ジョンの死の4日後の80年12月12日、ジョージはリンゴへの提供曲の歌詞を書き換え、81年1月に自らのヴォーカルを加えて1曲として仕上げた。それがジョンへの追悼曲「All Those Years Ago（過ぎ去りし日々）」である。収録に際してジョージはポール&リンダ、デニー・レイン、ジョージ・マーティン、ジェフ・エメリックに協力を仰いだ。こうして「All Those Years Ago」は、ジョージ、ポール、リンゴの3人による解散後初の共演曲となった。その後ジョージは81年2月にかけて新たに3曲録音し、曲順も変えて『SOMEWHERE IN ENGLAND』を完成させた（発売は81年6月）。リンゴが新たに参加した差し替え曲「Teardrops」も、ジョンへのもう1曲の追悼曲といえるものだった。ジャケットの内袋には、インドの聖典『バガヴァッド・ギーター』の言葉を引用したジョンへの追悼文と、〝針供養〟のジョージの写真も新たに掲載された。

80年7月に制作が開始されたリンゴのニュー・アルバムは、久しぶりに〝3人〟がレコード上で一堂に会す、『RINGO』（73年）以来のアルバムになるはずだった。「はずだった」と書いたのは、音楽活動を再開したジョンから「Life Begins At 40」を79年11月に提供されたものの、ジョンの死で収録を見合わせたからだ。ジョンとリンゴは80年にともに40歳を迎えたが、「人生は40歳から」とリンゴがジョンの死後に歌うわけにはいかない。

ジョンの遺作となった『MILK AND HONEY』からの最初のシングルとなった「Nobody Told Me」も、もともと80年11月にジョンから提供された曲で、81年1月14日に2人でそのどちらか、あるいは2曲をレコーディングする予定だった。

ちなみにジョンは、77年の日本滞在時に書いた「You Saved My Soul」やボブ・ディラン（とジョージ・ハリスン）を皮肉った「Serve Yourself」、未完成の「Pop Is The Name Of The Game」などのデモ録音を80年11月14日にダコタ・ハウスで行なっている。リンゴには4曲提供したという話もあるので、未完成の「Pop Is The Name Of The Game」も、リンゴ用の曲だったのかもしれない。

リンゴはジョンの訃報を耳にした翌日に恋人バーバラ（・バック／翌81年4月27日に結婚）とともにニューヨークのヨーコの元を訪れ、ジョンの死を悼んだ。ヨーコはリンゴだけに会いたがったそうだが、ジョンとヨーコと同じように自分たちも一心同体だということを伝えて3人で会ったという。そのあとリンゴとバーバラはロサンジェルスへと向かい、ニルソンと食事をして気を紛らわしたらしい。リンゴの新作はタイトルが『STOP AND SMELL THE ROSES（バラの香りを）』に変更され、81年11月に発売された。

82年から84年にかけては、82年2月24日にグラミー賞で『DOUBLE FANTASY』が年間最優秀アルバム賞に輝いたり、84年10月にはジュリアンが『VALOTTE』でレコード・デビューし、シングル「Valotte」が大ヒットしたり、さらに81年8月に決まったセントラル・パーク内のミニ庭園「ストロベリー・フィールズ」の着工式が84年3月21日に行なわれ、ヨーコ、ジュリアン、ショーンが出席したりと、ジョンにゆかりのある目ぼしい話題がいくつかあった。

ジョンの未発表音源や映像が出始めたのも84年以降のことだ。まず、『DOUBLE FANTASY』の制作時に同時に作業を進めていた『MILK AND HONEY』が84年1月19日に発売されたのに続き、72年8月30日の「ワン・トゥ・ワン・コンサート」を収めた『LIVE IN NEW YORK CITY』と、73年から74年にかけての『ROCK 'N' ROLL』『WALLS AND BRIDGES』のセッション時の未発表音源を収めた『MENLOVE AVE.』がそれぞれ86年1月24日と11月30日に発売された。

ビートルズに関する話題も多く、87年2月から88年3月にかけてイギリスのオリジナル・アルバムやシングル曲など全213曲がCD化されたり、88年1月20日に「ロックンロール・ホール・オブ・フェイム」の授賞式でビートルズがロックの殿堂入りを果たしたりと、ファンを喜ばせる出来事が続いた。

ビートルズの"ANTHOLOGY"プロジェクト（94年〜96年）へと繋がる重要な出来事とし

ては、ラジオ番組『ロスト・レノン・テープス』の放送（88年1月24日〜92年3月29日放送）が挙げられる。これはヨーコがアメリカのラジオ局ウエストウッド・ワンに提供したジョンの300時間にも及ぶ未発表音源を収めたテープをもとに制作されたもので、マニア垂涎の未発表音源が大量に放送された。この番組が〝音で知るレノン〟だとすると、ヨーコの全面協力によって制作された映画『IMAGINE』（88年）は、映像によるレノン物語といった趣だった。映画のオープニングに、ジョンの生ギターの弾き語りによる「Real Love」が使われていたのは、〝ANTHOLOGY〟シリーズへの布石だったのかもしれない。

90年代になっても、話題は尽きない。ジョンの生誕50周年でもある90年には、記念イヴェントが世界各地で行なわれた。まず5月5日にリヴァプールで記念コンサート『ジョン生誕50年記念コンサート』が開催された。これはヨーコが提唱する環境保護運動「グリーニング・オブ・ザ・ワールド（G.O.W）」の一環として実現したものだった。ポールとリンゴがそれぞれビデオ出演し、ポールは90年のツアー映像「P.S. Love Me DO」を流し、リンゴはジェフ・リン、トム・ペティ、ジョー・ウォルシュらをバックに「I Call Your Name」のスタジオ・レコーディング映像を届けた。さらにポールは、6月28日にリヴァプールで行なったコンサートでジョン作の「Strawberry Fields Forever」「Help!」「Give

ニューヨークのウォルドルフ＝アストリアで
開催された「ロックンロール・ホール・オブ・
フェイム」の授賞式にて。右からジュリアン、
ショーン、ヨーコ、リンゴ、ジョージ
（1988年1月20日）
©Ebet Roberts/Redferns/Getty Images

Peace A Chance」の3曲をメドレーで披露した。もしジョンの曲をライヴでやるならリヴァプールしかないとポールはその前から決めていたという。

ジョージがジェフ・リンと組んだ『CLOUD NINE』（87年）も、ポールがエルヴィス・コステロと組んだ『FLOWERS IN THE DIRT』（89年）も、ともにビートルズへのオマージュともいえるサウンド作りが話題になったアルバムだった。ポールとコステロとの曲作りは、まるでビートルズ・デビュー前後のジョンとの共同作業を思い起こさせるものだった。ジョンがいなくなった時代に、こうして〝スリートルズ〟は、それぞれ独自のビートルズ回帰を果たしていくことになる。

80年代後半、ちょうどワールド・ツアーを開始したポールは、ビートルズ・ナンバーを数多くレパートリーに取り入れ、ビートルズの〝見直し〟を始めていた。その時期にポールは、共作・共演活動をしたいとジョージへしきりにラヴ・コールを送るようになる。ジョージも「いまぼくとポールを妨げているものは、星座の食い違いだね」などと柔軟な姿勢を見せていた。その背景には、『CLOUD NINE』の成功と、ロイ・オービソン、ボブ・ディラン、ジェフ・リン、トム・ペティと組んだスーパー・バンド、トラヴェリング・ウィルベリーズでの経験によって生まれた自信があったのだろう。こうした自信の積み重ねが〝ANTHOLOGY〟プロジェクトでのジョージの発言権の（ビートルズ時代とは異なる）

大きさを生んだという見方もできる。

もうひとつ、"ANTHOLOGY"プロジェクトの実現に大きな役割を果たしたのは、ポールとヨーコの歩み寄りだった。93年の大みそか、ポールはヨーコに電話をかけて、こう伝えた。「プロジェクト用に3人で集まって演奏する予定があるけど、ジョンも加えた4人で新しいレコードを作るのはどうかな」と。

対してヨーコは、ちょうどいい曲があると言ってポールに3曲のデモ・テープを渡すことを約束した。ジョンのデモ・テープに他の3人が音を加えるというアイディアは、91年にすでにジョージとアップルの取締役のニール・アスピノールがヨーコに打診済みで、92年12月にはポールとジョージが共作活動を含む"ANTHOLOGY"プロジェクトについて話し合っていた。それからしばらく時が経ち、ポールが動いたことで、より具体的に話が進んだということになる。94年1月19日にポールが「ロックンロール・ホール・オブ・フェイム」の晩餐会に出席し、ジョンの殿堂入りのプレゼンターをつとめた時のヨーコとの"歴史的抱擁"には、ジョンのデモ・テープをめぐるこうした前段があったのだ。そしてポールはヨーコから、その日にジョンのデモ・テープを受け取った。曲は「Free As A Bird」「Now And Then」「Grow Old With Me」の3曲。いずれもラジオ番組『ロスト・レノン・テープス』で放送済みの曲だった。これ以前に幾度となく噂にのぼり、ジョンの代わりにジュリアンを加えるという話にまで膨らんだビートルズの再結成が、ヴァーチャルな形ではあったものの、こうして実現へと向かっていく。

ポールがヨーコからテープを受け取ってから1ヵ月後の2月11日、3人は、サセックスにあるポールのスタジオに集まった。まず「Free As A Bird」が完成し、「Grow Old With Me」と「Now And Then」も、その時に手をつけることができた。続いて6月22日にポールのスタジオで同じく「Now And Then」に取り掛かったが、作業はすぐに中断された。ジョージの反対によってである。ジョージはお詫びにその翌日に自宅にポールとリンゴを招いた。『ANTHOLOGY』シリーズのドキュメンタリー映像集（96年）には、3人がジョージの自宅スタジオで気ままなセッションを行なう演奏場面が数多く収録されているが、それはこの時の映像である。

「Free As A Bird」は、70年のシングル「Let It Be」以来、ビートルズの25年ぶりの新曲として95年12月4日に発売された。『ANTHOLOGY』シリーズの映像は、その直前の11月19日から23日にかけて3回に分けてまずテレビで放映された（日本は12月31日にテレビ朝日で放映）。〝新曲〟もそこで解禁されたが、95年にビートルズが現役でやっていたらこういうふうになるだろうと思わせる音と映像は、印象深く刺激的だった。リンゴの冒頭のドラムからジョージのスライド・ギター、そしてポールとジョージが新たに加えた歌詞とメロディ——。ビートルズのニュー・シングルとしてこれ以上の作りはない。エンディングのひとひねりもしかり、である。

「Free As A Bird」について、リンゴはこんなふうに語った——「67年に作った曲だと言われても信じていただろう」と。またポールは、ジョンの曲に音を重ねたことについて、こんな発言を残している——「レコーディングが終わる直前にジョンがスペインに休暇で出かけ、あとは頼むと託されたと思い込むようにした」と。

「Free As A Bird」から1年後の95年2月、3人は、予定していた3曲のうちの2曲目の〝新曲〟を完成させるために、ポールのサセックスにあるスタジオに再び顔を揃えた。今回取り組んだのは、同じくジョンの未発表曲「Real Love」である。この2度目の『ANTHOLOGY』シリーズ用のセッションは、95年2月6日から5月16日まで計3回、断続的に続いた。翌3月には、ポールとヨーコが一緒にレコーディングするという出来事もあった。しかもポールとヨーコの家族——リンダ、メアリー、ステラ、ジェイムズとショーンの全員参加で、である。ビートルズの〝ANTHOLOGY〟プロジェクトを実現させたいというポールの強い願いがあったからだろう。そうして実現したポールとヨーコのコラボレーション——ジョンが生きていたら絶対に参加していたと思うが、演奏された曲は

「Hiroshima Sky Is Always Blue」という平和祈願のアヴァンギャルドな大作だった。

「Real Love」完成直後の5月15日から16日にかけてレコーディングされたポールとジョージの共作による新曲「All For Love」をポールは『ANTHOLOGY 3』に入れたがったが、未完成に終わった。ジョージの死後の06年12月にポールはその曲をぜひ完成させたいと語っていたが、まだ実現していない。「Grow Old With Me」はその後、ジョージ・マーティンが〝最後の仕事〟としてオーケストラ・アレンジを手掛け、その新装版は、ジョンの未発表音源集『JOHN LENNON ANTHOLOGY』（98年）に収録された。さらにリンゴも、ポールの協力を得て『WHAT'S MY NAME』（19年）でカヴァーしている。

95年11月20日に発売された『ANTHOLOGY 1』は、〝新曲〟効果もあり、全世界で大ヒットとなった。映像も好評で、70年代半ばと80年代後半に続き、第4次ビートルズ・ブームが起こった。

この時期には、ジュリアンに続きショーンも音楽活動を開始し、自分のバンド〝IMA（今）〟を率いて母ヨーコの力作『RISING』（95年）を全面的に援助。IMAは、翌96年6月から7月にかけて、ヨーコの日本公演のバックもつとめた。

ジョン亡き時代、ヨーコは、2人が残した〝音楽遺産〟を若い世代に向けて問う作業に本腰を入れ始め、2人の息子も地道に音楽活動を続けていった。

Chapter 8
2000-2020

21世紀のジョン・レノン

21世紀になり、早くも20年が過ぎた。

現在、ポールは78歳、リンゴは80歳を迎え、ジョージの妻オリヴィアは72歳、ヨーコは87歳になった。ジョージ・ハリスン、ジョージ・マーティン、ニール・アスピノール、マル・エヴァンス、デレク・テイラー、ジェフ・エメリック、アラン・ウィリアムズ、シンシア・パウエル、モーリン・コックス、リンダ・イーストマンはこの世を去った。

そんな中、21世紀に入っても、ビートルズの話題には事欠かない。『1』（00年）の世界的ヒットに始まり、シルク・ドゥ・ソレイユとのコラボレーション『LOVE』（06年）、オリジナルCDの最新ステレオ&モノ・ミックスをまとめたボックス・セット『ザ・ビートルズBOX』『ザ・ビートルズMONO BOX』（ともに09年）、そしてライヴ・ドキュメンタリー映画『EIGHT DAYS A WEEK - The Touring Years』（16年）――。ビートルズ周辺が動くと、音楽業界が活性化する。ビートルズがいまだに現役グループであるかのような錯覚を覚えるのは、連鎖的な広がりが多々あるからだ。また、60年代の〝現役ファン〟の孫の世代にまでビートルズの作品が広く遍《あまね》く伝えられているのは、ポールとリンゴが継続的に新作を発表し、ライヴ活動を続けているからに他ならない。コロナ禍の影響で21年に公開延期となったものの、69年の〝ゲット・バック・セッション〟をまとめた映画『THE BEATLES: GET BACK』の話題も、日々マスコミを賑わせている。

シルク・ドゥ・ソレイユの『LOVE』が開催されたラスヴェガスのミラージュにて。右からリンゴ、バーバラ、ヨーコ、オリヴィア、ポール、ダニー・ハリスン（2006年6月30日）
©KMazur/WireImage/Getty Images

ジョンに関しても、生誕60年を記念し、00年10月9日にジョン・レノン・ミュージアムがさいたま新都心にオープン（10年9月閉館）し、同じく生誕80年となる20年10月9日からソニーミュージック六本木ミュージアムで『ダブル・ファンタジー ジョン&ヨーコ』東京展が開催されるなど、この20年間、〝メモリアル・イヤー〟には、必ず大きな動きがある。20年10月には、ジョンの新たなベスト盤『GIMME SOME TRUTH.』も出た。

一方ヨーコも、02年に「レノンオノ平和賞」を開設し、世界平和・教育・人権に寄与した個人を讃える活動を継続的に行なったり、07年の10月9日にはアイスランドのレイキャビクに「イマジン・ピース・タワー」を建てたりと、ジョンの遺志を引き継ぐかのように、平和活動に余念がない。

亡くなったことでジョンは〝神格化〟された――良し悪しは別としても、そう捉えるファンは多い。とはいえ、〝神棚〟に祀られることを誰よりも嫌っていたのはジョン自身だろう。愛と平和の人という捉え方が浸透しすぎているのではないかと思うと、本書の冒頭で触れた。もちろん「All You Need Is Love」や「Give Peace A Chance」をはじめ、〝愛と平和〟を歌った曲は数多い。だが、ジョンの言う〝愛と平和〟が実際はどんなものか、発言を元に丹念に追ってみると、〝愛と平和の人〟と一括りしてしまうのは大きな間違いであることに気づく。

愛についてのジョンの考え方をまず見てみる。

「愛っていうのは、珍しい花かなんかのように素晴らしい贈り物だってことに僕らは気づいたんだ。花は栄養を与えて世話をしなくちゃいけないし、嵐も雪も乗り越えていかなきゃいけない。だけど守ってやらなきゃならないんだ。ペットの猫みたいにね。愛っていうのはとても繊細な動物のように育てなければならない。しかも愛は努力しなくてはならない。気をつけて扱わなきゃいけないんだ。人に与えられる中で最もデリケートなものなんだ」

ジョンがこうした考え方に行き着いたのは、多感な少年時代に両親を失ったことが大きな影響を及ぼしている。また、ビートルズの全盛期に息子ジュリアンの面倒をほとんど見ることができなかったという後悔の気持ちもその要因となっている。

ジョンは、ビートルズ時代に「The Word（愛のことば）」（〝愛にチャンスを与えよ〟）、「Tomorrow Never Knows」（〝愛はすべて／愛はすべての人／それは知ること〟）、「All You Need Is Love」（〝必要なのは愛〟）などの曲で愛の概念を定義づけている。「必要なのは愛だ。僕が最終的に行き着いたポリティカルな結論はそれに尽きる」とも語っているように、ここで重要なのは、ジョンの言う愛がすべての人に向けられているということだ。といっても、ジョンが自分自身の愛をヨーコに向けて歌った曲ももちろんたくさんある。「Oh Yoko!」や「Dear Yoko」のようなラヴ・ソングなんて、（曲名を含めて）ジョンにしか書けないだろう。だが、「2人いればそこには2人分の力が生まれ、2人分の精神のパワーが生まれる。それはとても力強いことなんだ」とジョンが言うように、ジョンの語る愛は個人的な関係を越え、平和へと結びつく普遍性を持ったものでもあった。ジョンがヨーコへの思いを表明したように、人びとがそれぞれ自分たち自身の手で時間をかけて愛を育ててほしいとジョンは言っているのだ。

またジョンは、対話の重要性も問題にしている。

「人はいつもお互いに隠れっこをしている。相手がやさしい言葉を返してくれないんじゃないか、相手が傷つくんじゃないかと思って、やさしい言葉をかけるのをみんな恐れている。誰もが緊張して、いつも自分の周りに壁を作ってしまう。そんな壁は壊して、取っ払っちまって、生身の人間なんだってことを示すしかないんだ」

こうした考え方は、そのまま子育てに結びついていく。

「子どもは偽善者でもなく、ニセモノでもない。子どもは、誰が偽善者で誰がニセモノであるかすぐにわかる。感じることができるんだ」

「子どもが頭がイカレて見えるのは、子どもたちを育てる責任を真正面から受け止めようとする者がいないからなんだよ。誰もが子どもの相手をするのを怖がっていて、そのために子どもたちを排斥し、虐待しているんだ。そのうちで生き残れるのは、順応型の子どもたちだ。服のサイズに体のほうを合わせる子どもたち、大人がいい子だとみなした子どもたちだけなんだ。服のサイズに合わない子どもたちは、精神病院に送り込まれるか、アーティストになるのさ」

まるでジョンが自分の子ども時代を振り返って語った言葉のようにも受け取れるが、愛と同じく、子どもは守り努力しながら育てなければならないものだとジョンは言っているのだ。一方ショーンの子育てについては、こう説明している。

「日常の行動についてそんなに厳しくしようとはしていない。だけど礼儀作法は忘れるな。他人を傷つけるな、とだけは強調している」

「赤ん坊は、生まれる場所と時間と家庭とを自分で決めるんだ。ヨーコがショーンを生んだんじゃない。ショーンはヨーコを通じて奇跡として、2人への贈り物として僕たちのところへ来たんだ」

そしてジョンは、主夫生活を体験したあと「まったく新しい世界」に入り、「Woman」で女性にこう呼びかけた――「女性は女性であるべし、男性は男性であるべし、という昔の考え方はもうそろそろ捨ててしまってもいい時代ではないかな。僕たちは人間らしい人間なんだ。僕はこのことをヨーコに向かって言い、すべての女性に向かって言ったんだ。ある面ではすべての男性を代表してね」と。

では、〝愛と平和〟の〝平和〟についてはどうか。

「偽善と不安がこの世の中に蔓延していることが、いちばん腹立たしい。全裸でいる2人を見たり、マリファナを吸っている人を見たりして嫌悪感を抱くようであれば、これはもう救いようがないわけだ。自分自身であることが重要なんだ。自分を偽る代わりに自分自身であろうとする努力を誰もが行なえば、世の中はきっと平和になると思う」

68年、『TWO VIRGINS』の発売に際してジョンはこう述べた。この言葉を借りると、ジョンの平和思想は、「自分自身であろうとする努力」を続けたことによって具体化されていたといえる。もちろんそれは、ヨーコと2人で行なうことでより強力なものとなったが、「平和はコミュニケーションの到達点だ」とジョンが語ったように、2人がコミュニケーションを重視していたことはやはり見逃せない。

繰り返しになるが、中でもジョンとヨーコが初めて共同で行なった68年6月の「平和のどんぐり」イベントや69年12月の〝WAR IS OVER!〟のポスター・キャンペーンは、平和への呼びかけを2人が世界の人々に向けて行なったものとして特筆すべきものだった。また69年の〝ベッド・イン〟は、2人がひとつの場所に留まって行なったにもかかわらず、全世界へ平和を訴えかけることに成功している。ジョンが「戦争の宣伝ではなく、平和の宣伝を各新聞の第一面を使ってやった」と述べているように、これはマスコミの力が大いに役立ったわけだが、こうしたやり方が通用したのは、2人が〝超有名〟だったからだ。しかし、有名ならば誰もが為し得るかというと、決してそうではない。その点についてジョンは「あまりにも多くの人が平和を話題にしながら、十分なことは何ひとつしないじゃないか」と言っている。ジョンがここで言う「多くの人」とは、芸術家を含め、世界の人々と何らかの方法でコミュニケーションをはかれる人物を指しているのは言うまでもない。「芸術家は世界を完全に自由にユートピアに変えることができる。それを達成するには、世界に完全なコミュニケーションが存在することが必要だ。完全なコミュニケーションとは平和のことだ。平和こそ、芸術家が世界のために為し得ることなんだ」

しかも、アムステルダムでの〝ベッド・イン〟の際に、「もしあなたの身に何か起こったら、どういうふうに記憶に止めておいてほしいですか？」と記者に訊かれたジョンは、「音楽家としてよりも偉大な平和主義者としてかな」とまで語っているほどだった。

60年代の終わりから70年代の初めにかけて、ジョンが平和運動の先頭に立っていたとはいえ、崇め奉られたり、リーダーとみなされたりすることを決して望んでいなかったことは忘れてはならないだろう。

ジョンは言う――「すべての人間にとって、イエス・キリストあるいはニクソン、ほかの誰であっても、頼るということは間違いなんだ。僕はリーダーになりたくないし、威厳ある父親にもなりたくない。それは、人間にとっての弱さの象徴なんだ」と。

ジョンの言わんとすることは、「自分自身であることが重要なんだ」というコメントに呼応するものだ。また80年のインタビューでは「自分の夢は自分で作るのさ。人に頼らず自分でやらなきゃいけないんだ。君の目を覚ますのは君自身なんだ」とも語っている。こうした発言をみると、ジョンは世界の人々に対して、周りに流されずに主体性のある強い生き方をするよう呼びかけたとも考えられる。

ジョンがそう呼びかけたのは、どの世代に対してだったのだろう。

「ジョンとヨーコが『友よ平和を』と叫んだというだけで、世界の首相、国王、女王が政策を突然変えるなんて思っちゃいない。そうすればこっちのもんだけどさ！　僕たちが呼びかけているのは若い人たちだ。若さは未来だよ。もし僕たちが彼らの心に入り込み、非暴力に賛同するよう語りかけられるのなら、それで満足だ」

ここでジョンが〝非暴力〟という言葉を使っている点もまた重要だ。暴力によってではなく、笑いやユーモアによって平和を実現させようという2人のコミュニケーションの方法にもこれは結びついている。〝バッグ・イン〟や〝ベッド・イン〟をはじめとする2人の一連のイベントは、当時は奇を衒った興味本位の活動として捉えられることが多く、しばしば2人は物笑いの対象にさえなった。対してジョンは、「僕たちが平和への呼びかけに役立つなら、喜んで世間の道化になる」と言ったものだ。またジョンは、「僕のやっていることなんて、宇宙全体から見ればちっぽけなことさ。地球の大きさに比べれば、ジョンとヨーコにできることなんて小さいだろうけど、でも僕たちは精一杯やっているんだ。それが正当に評価されるまでには時間がかかるね」とも語っている。

もちろん、ジョンの呼びかけを受け止める側（ジョンは、「人々が自分たちに力があると感じたら、世界はすぐに平和に到達できる」とも言っている）の自発的な行動は欠かせない。改めて言うまでもなく、「Give Peace A Chance」「Power To The People」「Mind Games」は、そうした平和思想が音楽作品として昇華したものだ。

さらにジョンは、80年12月8日に行なわれた生前最後のインタビューで、こう語った。「僕たちは80年代に適応しようとしているんだ。やれるかどうかは自分次第だからね。手遅れじゃないよ。今でも愛を信じているし、平和を信じている。前向きな考え方を今でも信じているのさ」

ジョンによる、かれこれ40~50年前の〝愛と平和のメッセージ〟を数多く紹介したが、これらは、残念ながら現在でも有効である。「残念ながら」と書いたのは、21世紀の現在がまったく〝平和な世の中〟になっていないからだ。

「便利は不便」。そう思うようになったのは、スマートフォンが世界中に普及してからだろうか。そして現在、「YES」がもっと増えればいいのにと、ますます思うようになった。今の世の中、不必要な「NO」が多すぎる。

ジョンを通してヨーコを知り、2人の共作アルバムを含めてヨーコの作品を長年見聞きして思うのは、「YES」への強い思いである。それは息子ショーンが、母の生誕85周年(18年)に向けて行なっている〝YOKO ONO REISSUE PROJECT〟として次々と登場するヨーコのアルバムを改めて聴いても感じることだ。

「結局ビートルズが伝えたかったのはラヴ&ピースだ」と言ったのはポールだが、ジョンは「Mind Games」でこう歌った——〝Love is the answer〟〝Yes is the answer〟と。「YES」から始まったジョンとヨーコの人生だが、片や世界的なポップ・スターで、片や偏見が今以上に(あからさまに)強かった日本人女性である。ビートルズを解散させた〝東洋の魔女〟

と、当時の日本の週刊誌にもセンセーショナルに掻き立てられもした。ビートルズ好きを自任する日本の男性ファンでも、ヨーコを全く受け入れられない人はいまだに多い。ビートルズ・ファンにとって〝踏み絵〟のような存在。オノ・ヨーコのことを思い浮かべると、たとえばそんな言葉が頭をよぎる。ビートルズ解散間際のスキャンダラスな報道の数々は、東洋人への偏見の強い欧米以上に「日本でもこれほどだったのか」と思うほど過激だ。いわく「小野洋子が分裂の原因」「ビートルズを裂いた〝ヨーコ〟」「魔女ヨーコが英国の財産を台無しにした」などなど……。

ビートルズ解散騒動のごたごたに加えてもうひとつ、ジョンとのソロ活動についても、ヨーコへの理解がはたしてどのくらいあったのか、甚だ疑わしい。「ヨーコがいなければ……」と口をついて出るビートルズ・ファンは今でもまだまだ多い。そういうファンは、マッチョで男尊女卑なアイリッシュの荒くれ男を骨抜きにした、なんて思うのだろうか。実際ジョンは、80年の『プレイボーイ』誌のインタビューで「新聞は自分が先に読むのが当たり前だと思っていたのに、起きたらヨーコが先に読んでて驚いた」などと語ってもいたが。さらに言えば、ジョンの〝変節〟はヨーコの〝洗脳〟によるものだ――などと本気で思っている人もいそうだが、ヨーコ＝悪者だと思う〝ファン〟に対して返す言葉は一言――「ジョンが好きだと言っているんだからいいじゃん」である。

そうした誹謗中傷罵詈雑言とも闘ってきた（いや、いまだに闘っている）ヨーコについて、ヨーコとショーンの撮り下ろしの最新写真を表紙にあしらった『NERO』という雑誌で、ショーンはこんなふうに語っている。

「母はいつも不運は実は隠れた幸運なのだと教えてくれるんだ。母に悪いことが起こると、僕は母に『どうして憎しみやネガティブなエネルギーに耐えることが出来るの？』と尋ねるんだ。彼女は『柔道や太極拳の達人のように、ネガティブなエネルギーをクリエイティビティーに変えるのよ』と答えるんだ」

ヨーコは、「NO」を「YES」に変える革命的な表現者である。思えば、過去をなぞらずに常に変化を求め続けたビートルズの後期の活動には、もうすべてやり尽くした感があった。69年の〝ゲット・バック・セッション〟は新しい道に歩むのではなく、もう一度ふりだしに戻ることを意図していたのだから、そこから〝新しいもの〟は何も生まれてこない。そりゃ、ジョンにしてみれば、ポールと惰性でやるよりも、ヨーコと〝まだ見ぬもの〟を模索していくほうが刺激的だし、面白いに決まっている。

たとえば『YOKO ONO/PLASTIC ONO BAND』（70年）の冒頭に収録された「Why」を聴いてみてほしい。68年の『THE BEATLES』以降にジョンがやりたかったのは〝これ〟だった。そう強気で言ってしまってもいいようなサウンドなのである。思い立ったら即行動のジョンは、だからこそビートルズにいながらヨーコの名字を盛り込んだプラスティック・オノ・バンドを作り、「Give Peace A Chance」と「Cold Turkey」を発表し、「いち抜けた」と宣言して69年秋にはさっさとバンドを抜けてしまったのだ。

ジョンとヨーコの活動は、音楽に留まらず、映像作品や展示イベント、ステージ・パフォーマンス、さらに反戦・平和運動へと広がっていったが、これだけマスコミに広く登場する機会も多かったのに、それでもなお、ヨーコが正当に評価されていたかというと、これは「NO」と言わざるを得ない。『DOUBLE FANTASY』が出た時に、ジョンの曲だけ取り出して、いやヨーコの曲は排除して聴いたビートルズ・ファンが世界にどれほどいたか。事ほど左様に、ヨーコのことを話題にする際には、決まって〝ジョン〟が枕詞として付いてくるのだ。あの強烈なキャラなのだから、生理的にヨーコを受け入れられないという人が世界のあちこちにいることはもちろん知っている。あの奇声が苦手という人も多い。でも、あれは、たとえば満員電車の赤ちゃんの泣き声、あるいはヴァイオリンの弦を擦ったノイズのようなものだと思えば、なんてことはない。

そして思う。ジョンあってのヨーコじゃなく、ヨーコあってのジョンという見方がもっと広まれば、と。そこまで言わなくても、ヨーコを通してジョンを見る、という〝想像力〟がもっとあってもいいのにと。その意味では、17年6月に「Imagine」の共作者としてヨーコが認定されたのは、個人的にもうれしい出来事だった。そう望んでいたジョンも、たぶん天国じゃないどこかで喜んでいるにちがいない。

09年9月、ヨーコはプラスティック・オノ・バンドを復活させ、意欲作『BETWEEN MY HEAD AND THE SKY』を、ショーンがその年に設立したキメラ・ミュージックから発表した。その宣伝でヨーコが〝帰国〟した際に、話を伺う機会があった。その時のやりとりを一部紹介する。

――ジョンと一緒に長いあいだ平和活動を続けてきたわけですが、今この21世紀の世の中、まだまだ〝戦争は終った〟とはいきませんね。

「今の時代は、世界の90％の人が世界平和を望んでると思うの、絶対に。で、あとの10％、まあ1％かもしれないけど、違う考えを持ってる人がいるわけでしょ。いろんな人を殺してでも自分たちの国を守った方がいいんじゃないかとか、そういう考えを持っている人がまだいるんですよ。でも、それが戦いではなく、談論という考えに変わったら、私たちが強い平和の気持ちで政治の方法論も日常生活のありかたもどんどん変えていったら、案外、世の中はうまくいくと思うの」

——女性の立場に関してはいかがですか？

「立場じゃなく、女性の役目っていうか女性の在り方がすごく強いと思う。だってね、私たちがいなかったら、あなたたちだって生まれていないのよ（笑）。産んだだけじゃなくて、育てるのもたいへんなのよ。そういう意味の強さが女性にはすごくあるわけ。だけど逆に言えば、男性から見たらそれはとっても脅威でしょ？　だから力づくで抑えようとする。でも、そんなことしないで、女性のセンスに頼った方がいいところは女性を頼りにやっていけばうまくいくんですよ。女性も、今まで虐げられてきたという思いがあるから、強くならなければならないと思いがちになるけど、男性の物真似をするんだったら意味がないの。だから女性は、女の素質や力をもって、それを意識して、プライドをもって取り組んでいけば、きっとうまくいくわ。私はそんなに強い女じゃないのよ。弱い女だからこそ生き延びてこられたの。だから国なんかでもね、強い国より弱い国の方が、いろんな意味で賢くやっていかなくちゃならないわけ。私もそういうふうにして生きてきたのよ、弱い人間として脳みそを使って」

——ジョンがこの新作を聴いたら、なんて思うでしょうか？

「今でもありがたいと思っているのは、彼は私が創作した物を無条件に受け入れてくれたことなの。だからもちろん、このアルバムも気に入ってくれると思うわ」

ヨーコの発言からは、世の中の動向や女性のありかた、平和への想いに全くブレがないことがわかる。〝する側〟ではなく、〝される側〟の視点を持つこと――ヨーコの〝イマジンの思想〟の根本は21世紀の現在でもそこにあり続けるのだと思う。

……と、ここまで書いてきて、最後に思うことがある。幼少時代のジョン、ビートルズ時代のジョン、ソロ時代のジョン、主夫時代のジョン、そして再出発したジョンと、ジョン・レノンには時代ごとに異なる〝表情〟がある。そのすべての時代を通してジョンが言い続けたのは、こういうことだろう、と――。

「対話を重視しながら、主体性を持って、肯定的に生きること。そうすれば、それが愛と平和に繋がるということ」

もちろん、そのためには権威的にならず、差別や偏見を持たずに人や世界に向き合うという意識や想像力が不可欠である。

ダコタ・ハウスを背にしたジョンとヨーコ
（1980年11月21日）

252

おわりに

「アイルランドの海の近くとか、そういうところに住んでる素敵な夫婦になっていたいと思うよ。狂気のスクラップ・ブックを眺めて暮らすようなね」

1980年、亡くなる直前のインタビューで、「64歳になったら、どうなっているか想像できますか？」と訊かれたジョン・レノンは、そう答えた。

もちろんこれは、ビートルズに「When I'm Sixty-Four」という曲があるのを踏まえたうえでの問いかけだが、このやりとりを見て思い浮かぶ場面がある。

「もしビートルズがこの世に存在していなかったら……」という興味深いテーマを扱った映画『YESTERDAY』（19年）に出てくる、主人公と「78歳のジョン・レノン」とのこんなやりとりだ。

「長年 船乗りをやって世界中を旅した。信念をかけて戦い、勝ちもした。愛する女と出会い、いろいろあったが、共に生きた」

「いろいろ？」

「複雑な事情があった。別れ、出会い、偏見やプライド。それでも、振り返れば、幸せだった」

「恋人は？」

「いません」

「幸せになる秘訣を知りたいか？　愛する女に愛を伝え、ウソをつかずに生きることだ」

「会えてよかった。今何歳ですか？」

「78だ」

「よく78まで」

「ヘンな奴だな。ちゃんと精神科にかかれ」


もしジョン・レノンが生きていたら……。

映画『YESTERDAY』のもうひとつの主題と捉えることができるその思いは、ビートルズ・ファンだけでなく、多くの人が思い描くことではないだろうか。

わずか8年足らずのビートルズ時代だけを取っても、ジョンは、「普通の人」の一生分の激動＝狂気の日々を送ったと思える。だが、本書でジョンが生き抜いた道を辿ってみて思うのは、40年の生涯はやはり短すぎる、ということだ。

個人的に言うならば、ジョン・レノンとジョージ・ハリスンは、音楽活動をしていなくても「同じ空の下」にいてくれればいいという存在だった。空は世界中のどこまでも繋がっているわけだから、見上げた「どこかの先」にジョンとジョージがいるのだと。特に、ジョンが活動を休止していた主夫時代にはそうした思いが強かった。

ポール・マッカートニーとリンゴ・スターはそうではない。常に新しいアルバムや新曲を発表し、ライヴを行ない、人前で愛嬌を振りまき続ける存在でいてほしい。

本書の冒頭に「21世紀になっても実はまだ〝現役活動〟を続けているのではないか？」と錯覚を覚えてしまうほどだ」とビートルズについて書いたが、それはポールとリンゴがライヴ活動を行ない、「現役世代」を含む三世代のファンにビートルズの良さを伝え続けているからだ。

本書でも触れたが、ジョンは、同じく亡くなる直前のインタビューで、こんなことも言っている。

「これまでに僕が、一夜限りでなく一緒に仕事ができたアーティストは2人しかいない。ポール・マッカートニーとヨーコ・オノだ。最良の選択だったと思っている」

ジョージとリンゴは？　とちょっと思わなくもないが、ポールとヨーコと出会ったからこそ、ジョンは40年の生涯を駆け抜けることができたのだ。

あれから40年。ジョンは66年に「画家、執筆家、役者、歌手、奏者、音楽家……全部になりたいと思っている」と語ったが、もし生きていたら、今でも変わらず、世代を代表する表現者になっていたのは間違いないない。そして20年の世界を見渡して、こう嘆いたに違いない。

「"Give Peace A Chasnce"が50年経っても通用する世の中になっているなんて、誰も教えてくれなかったよな」と。

最後に――。本書の執筆の機会を与えてくださった原田英子さんと毎日新聞出版の宮里潤さん、今回もまたステキな装丁を手掛けてくださった松田行正さん、本文のデザインをいつもながらの手際の良さで仕上げてくださった杉本聖士さんに御礼申し上げます。ありがとうございました。

２０２０年10月　　藤本国彦

●年譜

年	
1940	10月9日　ジョン・ウィンストン・レノン、アルフレッドとジュリア夫妻の長男としてリヴァプールに生まれる。
1944	12月　父が消息を絶ち、父方の親戚宅で過ごす（45年4月まで）。
1945	11月　モスピッツ小学校に入学。
1946	5月　ダヴデイル・ロード小学校に転校。
	6月　ミミ叔母とジョージ叔父に引き取られる。
1947	秋　『不思議の国のアリス』の影響を受け、絵本を書き始める。
1952	9月　クォリー・バンク・ハイ・スクールに入学。
1955	6月5日　叔父ジョージ・スミス死去。
1956	12月頃　ジョン、クォリー・メン結成。メンバーはジョン、エリック・グリフィス、ピート・ショットン、ナイジェル・ウォリー、アイヴァン・ヴォーンの5人。
1957	7月6日　ウールトン教会でポール・マッカートニーと出会う。
	8月7日　クォリー・メン、キャヴァーン・クラブで初演奏。
	9月　リヴァプール・カレッジ・オブ・アートに入学。シンシア・パウエル、スチュアート・サトクリフと知り合う。
	10月18日　ポール、クォリー・メンでの初ライヴ。
1958	2月6日　ジョージ・ハリスン、クォリー・メンに加入。
	7月14日　「That'll Be The Day」と「In Spite Of All The Danger」を収録した自主制作盤を作成。
	7月15日　母ジュリア、非番の警官の車にはねられ死去。
	11月上旬　ジョニー＆ザ・ムーンドッグスの名でテレビ・タレント発掘番組の予選に出場し、本選まで進む。その後、ジョン、ポール、ジョージはジェイペイジ・スリーを結成。
1959	8月29日　カスバ・コーヒー・クラブの開店初日に出演。
1960	1月21日　スチュアート・サトクリフ、クォリー・メンに加入。
	4月23日　ナーク・トゥインズの名でポールとステージに立つ。
	5月10日　ロング・ジョン&シルヴァー・ビートルズの名で、ビリー・フューリーのスコットランド・ツアーに同行するバック・バンド募集のオーディションを受ける。
	5月20日　ジョニー・ジェントルのスコットランド・ツアーに同行（28日まで）。
	8月17日　ピート・ベストがドラマーとして加入し、ドイツ・ハンブルクのインドラ・クラブで演奏（10月2日まで）。
	10月4日　カイザーケラーで演奏（11月30日まで）。
	10月15日　滞在中にジョン、ポール、ジョージとハリケーンズのリンゴ、ルー・ウォーターズの5人で自主制作盤を制作。
	12月27日　リヴァプールのリザーランド・タウン・ホールでの凱旋コンサートに観客は熱狂。最初の〝ビートルズ旋風〟。
1961	2月9日　ビートルズとしてキャヴァーン・クラブに初出演。
	3月27日　2度目のハンブルク遠征。トップ・テン・クラブで演奏（7月1日まで）。ツアー後スチュが脱退。
	6月22日　トニー・シェリダンのバック・バンドとして初の公式録音（または23日も）。
	7月6日　リヴァプールの音楽紙「マージー・ビート」の創刊号にビートルズの名前の由来について寄稿。
	10月上旬　ポールと2人でパリに2週間の休暇旅行。
	11月9日　ブライアン・エプスタイン、キャヴァーン・クラブでビートルズを初めて観る。

11月29日　エプスタイン、マネージャー就任をメンバーに打診。
12月。1日　エプスタイン、EMIとデッカの責任者に会う
12月17日　ビートルズ初の公式フォト・セッション。

1962

1月1日　ビートルズ、デッカのオーディションを兼ねたセッションで15曲を演奏。結果は不合格。
1月24日　エプスタイン、正式にビートルズのマネージャーに。
3月7日　BBCのラジオ番組に初出演。
4月10日　スチュアート・サトクリフ死去。享年21。
4月13日　3度目のハンブルク遠征。スター・クラブで演奏（5月31日まで）。
5月9日　パーロフォンとレコーディング契約を結ぶ。
6月6日　EMIスタジオで最初のレコーディング・セッション。ジョージ・マーティンと初めて顔を合わせる。
8月15日　ピート・ベスト脱退。
8月18日　リンゴ・スター、ビートルズに加入。
8月22日　キャヴァーン・クラブでのライヴをテレビ用に収録。
8月23日　シンシアと結婚。
9月4日　デビュー・シングル用のレコーディング（11日も）。
10月5日　ビートルズ、「**Love Me Do**」でレコード・デビュー。
11月1日　4度目のハンブルク遠征（14日まで）。
12月18日　5度目（最後）のハンブルク遠征。スター・クラブで演奏（31日まで）。

1963

1月1日　短期スコットランド・ツアー（5日まで）。
1月11日　2枚目のシングル「**Please Please Me**」発売。
2月2日　初のイギリス・ツアー（ヘレン・シャピロと／3月3日まで）。
3月9日　2度目のイギリス・ツアー（トミー・ロウ、クリス・モンテスと／31日まで）。
3月22日　デビュー・アルバム『**PLEASE PLEASE ME**』発売。
4月8日　長男ジョン・チャールズ・ジュリアン・レノン誕生。
4月11日　シングル「**From Me To You**」発売。
4月28日　エプスタインとスペインに2週間の休暇旅行。
5月18日　3度目のイギリス・ツアー（ロイ・オービソンと／6月9日まで）。
8月23日　シングル「**She Loves You**」発売。
10月5日　短期スコットランド・ツアー（7日まで）。
10月13日　テレビ番組『サンデイ・ナイト・アット・ザ・ロンドン・パラディアム』に出演。〝ビートルマニア〟誕生。
10月24日　スウェーデン公演（29日まで）。
11月1日　4度目のイギリス・ツアー（12月13日まで）。
11月4日　王室主催の『ロイヤル・ヴァラエティ・ショー』に出演。ジョンの「宝石ジャラジャラ」発言が飛び出す。
11月22日　アルバム『**WITH THE BEATLES**』発売。
11月29日　シングル「**I Want To Hold Your Hand**」発売。

1964

1月3日　スコットランド公演（6日まで）。
1月15日　フランス公演（2月4日まで）。
2月1日　「I Want To Hold Your Hand」、米1位に輝く。
2月5日　日本でもデビュー・シングル「抱きしめたい」発売。
2月7日　アメリカに初上陸。
2月9日　『エド・サリヴァン・ショー』に出演。視聴率72%。
2月11日　ワシントン・コロシアムで初のアメリカ公演。

3月2日　初の主演映画『A HARD DAY'S NIGHT』の撮影開始（4月24日まで）。
3月20日　シングル「**Can't Buy Me Love**」発売。
3月23日　初の著作集『IN HIS OWN WRITE』発売。
4月4日　アメリカのビルボード・チャートでトップ5を独占。
6月4日　初のワールド・ツアー（デンマーク・オランダ・香港・オーストラリア・ニュージーランド）開催（30日まで）。
7月6日　映画『A HARD DAY'S NIGHT』、ロンドンで公開。
7月10日　アルバム『**A HARD DAY'S NIGHT**』、シングル「**A HARD DAY'S NIGHT**」発売。
7月15日　ウェイブリッジのケンウッドに新居を購入。
7月28日　短期スウェーデン公演（29日まで）。
8月19日　アメリカ・カナダ公演（9月20日まで）。
8月28日　ボブ・ディランと会い、マリファナを体験。
10月9日　5度目のイギリス・ツアー（11月10日まで）。
11月27日　シングル「**I Feel Fine**」発売。
12月4日　アルバム『**BEATLES FOR SALE**』発売。

1965

2月22日　2作目の映画『HELP!』の撮影をバハマ、オーストリア、ロンドンで行なう（断続的に5月11日まで）。
4月9日　シングル「**Ticket To Ride**」発売。
6月20日　ヨーロッパ・ツアー（フランス・イタリア・スペイン／7月3日まで）。
6月24日　2冊目の著作集『A SPANIARD IN THE WORKS』発売。
7月23日　シングル「**HELP!**」発売。
7月29日　映画『HELP!』、ロンドンでプレミア公開。
8月3日　叔母ミミのためにドーセット州プールに家を購入。
8月6日　アルバム『**HELP!**』発売。
8月15日　3度目のアメリカ公演（31日まで）。初日のニューヨーク、シェイ・スタジアム公演で屋外公演の世界記録樹立。
8月27日　エルヴィス・プレスリー宅を訪問。
10月26日　バッキンガム宮殿でMBE勲章授与。
12月3日　初の両A面シングル「**Day Tripper/We Can Work It Out**」とアルバム『**RUBBER SOUL**』発売。
12月3日　6度目（最後）のイギリス・ツアー（12日まで）。

1966

3月4日　イギリスの「イヴニング・スタンダード」紙、〝キリスト発言〟を含むジョンのインタビュー記事を掲載。
5月29日　ウェイブリッジの自宅にボブ・ディランを招く。
6月10日　シングル「**Paperback Writer**」発売。
6月24日　ドイツ・日本・フィリピン公演（7月4日まで）。
7月29日　ジョンの〝キリスト発言〟がアメリカの「デイトブック」に部分的に転載され、物議を醸す。
7月31日　アメリカ南部を中心にビートルズ排斥運動が起こる。
8月5日　アルバム『**REVOLVER**』、両A面シングル「**Eleanor Rigby/Yellow Submarine**」発売。
8月12日　4度目（最後）のアメリカ・ツアー開始。ジョン、シカゴの記者会見で〝キリスト発言〟に対して謝罪。
8月29日　サンフランシスコのキャンドルスティック・パークで最後のコンサート。
9月6日　映画『HOW I WON THE WAR』に出演するため西ドイツへ。出演に際し、ジョンは髪を切り、丸眼鏡をかける。
11月7日　ロンドンのインディカ・ギャラリーでオノ・ヨーコと出会う。
12月10日　初のベスト・アルバム『**A COLLECTION OF BEATLES OLDIES**』発売。

1967

2月17日　両A面シングル「**Strawberry Fields Forever/Penny Lane**」発売。

6月1日　アルバム『**SGT. PEPPER'S LONELY HEARTS CLUB BAND**』発売。

6月25日　世界24ヵ国を結ぶ史上初の衛星生中継番組『アワ・ワールド』に出演し、「All You Need Is Love」を演奏。

7月7日　シングル「**All You Need Is Love**」発売。

8月25日　マハリシ・マヘーシュ・ヨーギーの超越瞑想を学ぶため、ウェールズのバンゴアへ。

8月27日　ブライアン・エプスタイン死去。享年32。

10月11日　ヨーコの個展「ハーフ・ア・ウィンド（半分の風）」開催（11月14日まで）。ジョンは資金を援助。

11月24日　シングル「**Hello Goodbye**」発売。

11月27日　アルバム『**MAGICAL MYSTERY TOUR**』、アメリカで発売（イギリスは6曲入りのEPとして12月8日に発売）。

12月26日　BBCテレビで映画『MAGICAL MYSTERY TOUR』放映。視聴率75％。

1968

2月16日　マハリシのもとで瞑想修行を行なうため、インドのリシケシュへ（4月12日まで）。

3月15日　シングル「**Lady Madonna**」発売。

5月19日　ウェイブリッジの自宅で、ヨーコと『UNFINISHED MUSIC NO.1: TWO VIRGINS』を制作。

5月30日　アルバム『THE BEATLES』の制作開始（10月18日まで）。

6月15日　ロンドンのコヴェントリー大聖堂でヨーコと『平和のどんぐり』イベントを行なう。

7月1日　ジョンの初の個展『ユー・アー・ヒア』、ロンドンのロバート・フレイザー・ギャラリーで開催。

7月17日　映画『YELLOW SUBMARINE』の試写会にヨーコと出席。

8月30日　シングル「**Hey Jude**」発売。

11月8日　シンシアとの離婚が成立。

11月22日　アルバム『**THE BEATLES**』発売。

11月29日　ヨーコとの初の共作アルバム『**UNFINISHED MUSIC NO.1: TWO VIRGINS**』発売。

12月11日　ローリング・ストーンズのテレビ・スペシャル『ROCK AND ROLL CIRCUS』にヨーコと出演。

1969

1月2日　〝ゲット・バック・セッション〟開始（31日まで）。

1月17日　アルバム『**YELLOW SUBMARINE**』発売。

1月30日　アップル・ビル屋上で、最後のライヴ。

3月2日　ジョンとヨーコ、ケンブリッジのレディ・ミッチェル・ホールでの前衛ジャズ・フェスティヴァルに出演。

3月20日　ジブラルタルでヨーコと結婚。

3月25日　アムステルダムで平和のためのイベント〝ベッド・イン〟を行なう（31日まで）。

4月11日　シングル「**Get Back**」発売。

4月22日　アップル・ビル屋上で改名式を行ない、〝ジョン・オノ・レノン〟に。

5月4日　バークシャー州のアスコットにあるティッテンハースト・パークを購入（8月11日に移住）。

5月9日　ヨーコとの共作アルバム『**UNFINISHED MUSIC NO.2: LIFE WITH THE LIONS**』発売。

5月26日　モントリオールで2度目の〝ベッド・イン〟（6月2日まで）。

5月30日　シングル「**The Ballad Of John And Yoko**」発売。

6月1日　〝ベッド・イン〟中に「Give Peace A Chance」をレコーディング。
7月4日　プラスティック・オノ・バンド（以下POB）のデビュー・シングル「**Give Peace A Chance**」発売。
8月22日　ビートルズの最後のフォト・セッション。
9月13日　POB、トロントでの「トロント・ロックンロール・リヴァイヴァル1969」に出演。
9月20日　アップルの会合の席上でビートルズ脱退を表明。
9月26日　アルバム『**ABBEY ROAD**』発売
10月24日　POBのシングル「**Cold Turkey**」発売。
10月31日　シングル「**Something/Come Together**」発売。
11月7日　ヨーコとの共作アルバム『**WEDDING ALBUM**』発売。
11月25日　イギリス政府のベトナム戦争支持などを理由にMBE勲章を返却。
12月12日　トロントでのライヴを収めた『**LIVE PEACE IN TORONTO 1969**』発売。
12月15日　ユニセフのチャリティ・コンサート「ピース・フォー・クリスマス」に出演。
12月16日　世界の12都市に「War Is Over! (If You Want It)」という広告板を掲げる。
12月30日　イギリスのテレビ番組で「60年代を代表する人物」に選ばれる。他はジョン・F・ケネディと毛沢東。

1970

1月15日　ジョンのリトグラフ展『バッグ・ワン』、ロンドンのアート・ギャラリーで開催。
2月6日　初のソロ・シングル「**Instant Karma!** (**We All Shine On**)」発売。
3月6日　ビートルズ最後のシングル「**Let It Be**」発売。
4月10日　ポール、ビートルズ脱退を表明。
4月30日　アーサー・ヤノフのプライマル療法を受けるためロサンジェルスへ（8月まで）。
5月8日　ビートルズ最後のアルバム『**LET IT BE**』発売。
12月11日　初のソロ・アルバム『**JOHN LENNON/PLASTIC ONO BAND**』発売。
12月28日　シングル「**Mother**」、アメリカで発売。
12月31日　ポール、ビートルズの3人を相手取り、パートナーシップ解消などを要求する訴訟をロンドン高等裁判所に起こす。

1971

1月13日　ジョンとヨーコ、おしのびで来日（25日まで）。ジョンはヨーコの家族と初めて会う。
1月20日　歌舞伎「隅田川」を見て涙を流す。
3月12日　シングル「**Power To The People**」発売。
6月6日　ニューヨークのフィルモア・イーストでフランク・ザッパ&マザーズ・オブ・インヴェンションと共演。
7月16日　シングル「**God Save Us/Do The Oz**」をエラスティック・オズ・バンド名義で発売。
9月9日　アルバム『**IMAGINE**』発売（イギリスは10月8日）。
10月11日　シングル「**Imagine**」、アメリカで発売。
10月16日　ジョンとヨーコ、ニューヨークのグリニッジ・ヴィレッジにアパートを借りる。ジェリー・ルービン、アビー・ホフマン、デヴィッド・ピールらと知り合う。
12月1日　シングル「**Happy Xmas** (**War Is Over**)」発売（イギリスは72年11月24日）。
12月10日　ミシガン州のアン・アーバー大学で行なわれた「ジョン・シンクレア支援コンサート」に出演。
12月17日　アポロ・シアターで開催されたアッティカ州刑務所での暴動による被害者家族のための慈善コンサートに出演。

1972

1月13日　『デヴィッド・フロスト・ショー』に出演。

2月5日　ニューヨークでの、北アイルランドの「血の日曜日」事件の抗議デモに参加。

2月14日　『マイク・ダグラス・ショー』に出演（18日まで）。16日にはチャック・ベリーと共演。

2月16日　ジョンとヨーコ、68年のジョンの有罪判決を理由に国外退去を命じられる。

4月24日　シングル「**Woman Is The Nigger Of The World**」、アメリカで発売。

5月11日　『ディック・キャヴェット・ショー』に出演。FBIに尾行され、電話が盗聴されていると語る。

6月12日　ヨーコとの共作アルバム『**SOMETIME IN NEW YORK CITY**』発売（イギリスは9月15日）。

8月30日　ニューヨークのマディソン・スクエア・ガーデンで「ワン・トゥ・ワン・コンサート」開催。

9月6日　ジェリー・ルイス主催の筋ジストロフィー患者のためのテレビ・チャリティ・ショーに出演。

12月23日　ジョンのアルバム『IMAGINE』とヨーコのアルバム『FLY』をもとに制作されたフィルム『IMAGINE・THE FILM』、アメリカのテレビで放映。

1973

4月1日　ジョンとヨーコ、ニューヨークで記者会見を開き、架空の国家〝ヌートピア〟の誕生を宣言。

5月　ニューヨークのダコタ・ハウスに引っ越す。

10月上旬　ジョンとヨーコ別居。ジョンは秘書メイ・パンとロサンジェルスへ向かい、「失われた週末」が始まる。

10月29日　シングル「**Mind Games**」発売（イギリスは11月16日）。

11月2日　アルバム『**MIND GAMES**』発売（イギリスは16日）。

1974

3月12日　ロサンジェルスのトルバドール・クラブでニルソンと悪酔いし、店から放り出される。

3月28日　ニルソンのアルバム『PUSSY CATS』のプロデューサーをつとめる（5月まで）。セッション初日にポールが訪問。

9月23日　シングル「**Whatever Gets You Thru The Night**」発売（イギリスは10月4日）。

9月26日　アルバム『**WALLS AND BRIDGES**』発売（イギリスは10月4日）。

10月21日　中断していたアルバム『ROCK 'N' ROLL』の追加録音を自身のプロデュースで行なう（25日まで）。

10月30日　自由の女神の前に立つジョンの有名な写真をボブ・グルーエンが撮影。

11月28日　ニューヨークのエルトン・ジョンのコンサートに飛び入りで出演、演奏後に楽屋でヨーコと再会。

12月16日　シングル「**#9 Dream**」発売（イギリスは75年1月31日）。

12月29日　ビートルズ解散の書類に署名。

1975

1月9日　ビートルズ、法的に解散。

2月1日　ジョン、ダコタ・ハウスに戻る。

2月17日　アルバム『**ROCK 'N' ROLL**』発売（イギリスは21日）。

3月1日　ジョンとヨーコ、グラミー賞の授賞式に出席。

3月10日　シングル「**Stand By Me**」発売（イギリスは4月18日）。

6月13日　アメリカのテレビ番組『サリュート・トゥ・サー・ルー』に出演。最後のライヴ演奏。

9月23日　ヨーコの妊娠を理由にジョンの国外退去命令が一時的に差し止めに。

10月7日　ニューヨーク最高裁、ジョンの国外退去命令を破棄。

10月9日　ジョンの35歳の誕生日に、ヨーコとの間にショーン・タロウ・オノ・レノン誕生。

10月24日　初のベスト・アルバム『**SHAVED FISH**』発売。「**Imagine**」、イギリスで初めてシングル・カット。

1976

1月26日　EMIとのレコード契約終了。

4月1日　父フレッド死去。享年63。

4月末　リンゴに自作曲「Cookin（In The Kitchen Of Love）」を提供し、レコーディングにも参加。

春～夏　3冊目の著作『SKYWRITING BY WORD OF MOUTH』執筆。

7月27日　ジョン、アメリカ永住権獲得。

1977

5月11日　ヨーコ、ショーンと来日。東京・軽井沢・北海道・京都で5ヵ月過ごす（10月7日まで）。

6月　ショーンと香港旅行。

10月4日　東京で記者会見を行ない、「ショーンが5歳ぐらいになるまで音楽活動をしないだろう」と語る。

1978

6月5日　ヨーコ、ショーンと来日。東京のホテル・オークラを中心に3ヵ月滞在（9月16日まで）。

＊ブロードウェイ・ミュージカル『THE BALLAD OF JOHN AND YOKO』の台本を書く。

12月　『SKYWRITING BY WORD OF MOUTH』用のイラストを描く（～79年初め）。

1979

1月19日　ジョンとヨーコ、エジプト旅行（24日まで）。

3月　ジュリアンとフロリダ旅行（4月上旬まで）。

5月27日　ジョンとヨーコ、アメリカ・イギリス・日本の主要新聞に「愛の沈黙」と呼ばれる全面広告を掲載。

7月28日　家族で3度目の来日。軽井沢にあるヨーコの実家の別荘で過ごす（8月28日まで）。

11月12日　ジョン、遺言状を書く。

1980

5月23日　ジョン、自立心と自信をつける目的で南アフリカのケープタウンへ一人旅に出かける（29日まで）。

6月4日　ジョン、ヨットでバミューダへ（7月29日まで）。13日にショーンと合流し、滞在中に新曲を20曲ほど書く。

8月7日　ニューヨークのヒット・ファクトリーで初顔合わせのメンバーとともに新作のレコーディング開始（9月23日まで）。計22曲録音。

9月9日　「プレイボーイ」誌との長編インタビュー始まる（28日まで）。

9月15日　ヨーコの依頼でニュー・アルバムのジャケット写真を篠山紀信が撮影（18日との2日間）。

9月19日　ゲフィン・レコードとレコード契約を結ぶ。

9月29日　活動再開後のジョンとヨーコ初のインタビューが「ニューズウィーク」誌に掲載。

10月17日　シングル「**(Just Like) Starting Over**」発売（イギリスは24日）。

11月15日　ジョンとヨーコの共作・共演アルバム『**DOUBLE FANTASY**』発売（イギリスは17日）。

11月15日　リンゴ、ダコタ・ハウスにジョンを訪ねる。ジョンは新曲「Life Begins At 40」「Nobody Told Me」などを提供。

12月5日　「ローリング・ストーン」紙のインタビュー。

12月6日　BBCのアンディ・ピーブルズとのインタビュー。

12月8日　ニューヨークのRKOラジオのインタビュー。「ヨーコより早く死にたい。ヨーコが死んだら生きていけないからだ」と語る。「ローリング・ストーン」紙の写真撮影も行なう。

12月8日　午後10時50分、ダコタ・ハウスの玄関前で凶弾に倒れる。享年40。

●人名索引

※ビートルズ、ジョン・レノン、ポール・マッカートニー、ジョージ・ハリスン、リンゴ・スター、オノ・ヨーコは除く

●主要参考文献

・『ビートルズ革命』ジョン・レノン、ヨーコ・オノ、ヤーン・ウェナー著（草思社／1972年）
・『レノン・リメンバーズ』ジョン・レノン、ヨーコ・オノ、ヤーン・ウェナー著（草思社／2001年）
・『ジョン・レノン PLAYBOY インタビュー』PLAYBOY編集部編（集英社／1981年）
・『ジョンとヨーコ　ラスト・インタビュー』デービッド・シェフ著（集英社／1990年）
・『ジョン・レノン　いちご畑よ、永遠に』ヴィック・ガルバリーニ、ブライアン・カルマン、バーバラ・グロウスターク著（河出書房新社／1981年）
・『ジョン・レノン――ALL THAT JOHN LENNON』（中央公論社／1981年）
・『ジョン・レノン愛の遺言』ジョン・レノン、オノ・ヨーコ著（講談社／1981年）
・『JOHN ONO LENNON 1940-1980』宝島臨時増刊号（JICC出版局／1981年）
・『ALL THAT JOHN LENNON　レノン＝マッカートニー研究／レノン篇』ビートルズ・シネ・クラブ編著（プロデュース・センター出版局／1990年）
・『ザ・ビートルズ 解散の真実』ピーター・ドゲット著（イースト・プレス／2014年）
・『ザ・ビートルズ史　誕生（上）（下）』マーク・ルイソン著（河出書房新社／2016年）
・『ザ・ビートルズ　源流と進化』大人のロック！編（日経BP社／2017年）
・『ヨーコ・オノ・レノン全史』和久井光司著『（河出書房新社／2020年）
・『ビートルズ・ストーリー Vol.1～13』藤本国彦編（ファミマ・ドット・コム、音楽出版社、シー・ディー・ジャーナル／2014年～2019年）
・『GET BACK...NAKED』藤本国彦著（牛若丸／2017年）
・『ビートル・アローン』藤本国彦著（ミュージック・マガジン／2017年）
・『ゲット・バック・ネイキッド』藤本国彦著（青土社／2020年）

編集――――――原田英子+藤本国彦
ブックデザイン―――松田行正+杉本聖士
写真提供―――――Getty Images
シンコーミュージック・エンタテイメント
カバー写真――――©Andrew Maclear/Hulton Archive/Getty Images
表紙写真 ――――©Robert Whitaker/Hulton Archive/Getty Images
口絵写真―――――©Jack Mitchell/Getty Images（P.3）
©Bettmann/Getty Images（P.4）
協力――――――ヒグチミカコ+宮里潤

[著者] **藤本 国彦**（ふじもと・くにひこ）
1961年東京生まれ。1991年（株）音楽出版社に入社し、CDジャーナル編集部に所属（2011年に退社）。2015年にフリーとなり、主にビートルズ関連書籍の編集・執筆・イベント・講座などを手掛ける。主な編著は『ビートルズ213曲全ガイド』（音楽出版社）、『GET BACK...NAKED』（牛若丸／増補版『ゲット・バック・ネイキッド』は青土社）、『ビートル・アローン』（ミュージック・マガジン）、『ビートルズ語辞典』（誠文堂新光社）、『ビートルズはここで生まれた』（CCCメディアハウス）、『ビートルズ・ストーリー』シリーズ（音楽出版社ほか）など。「速水丈」名義での編著も多数。映画『ザ・ビートルズ～EIGHT DAYS A WEEK: The Touring Years』の字幕監修も担当。相撲とカレー好き。

ジョン・レノン伝《でん》 1940-1980

印　刷　2020年11月20日
発　行　2020年11月30日

著　者　藤本国彦《ふじもとくにひこ》
発行人　小島明日奈
発行所　毎日新聞出版
〒102-0074
東京都千代田区九段南1-6-17 千代田会館5階
営業本部　03-6265-6941
図書第一編集部　03-6265-6745
印　刷　光邦
製　本　大口製本

ISBN 978-4-620-32658-0